识干家

企業閱讀　學以致用

许翔◎著

快消品

区域/城市经理全渠道管理

FMCG

REGIONAL / CITY MANAGER

OMNI CHANNEL MANAGEMENT

中华工商联合出版社

图书在版编目（CIP）数据

快消品区域/城市经理全渠道管理：渠道多、碎、新时代的打法 / 许翔著. —北京：中华工商联合出版社，2021.11

ISBN 978-7-5158-3150-3

Ⅰ. ①快… Ⅱ. ①许… Ⅲ. ①企业管理－购销渠道－研究 Ⅳ. ①F274

中国版本图书馆 CIP 数据核字（2021）第 195279 号

快消品区域/城市经理全渠道管理：渠道多、碎、新时代的打法

作　　者： 许　翔
出 品 人： 李　梁
责任编辑： 于建廷　王　欢
装帧设计： 仙　境
责任审读： 傅德华
责任印制： 迈致红
出版发行： 中华工商联合出版社有限责任公司
印　　刷： 河北宝昌佳彩印刷有限公司
版　　次： 2021 年 12 月第 1 版
印　　次： 2021 年 12 月第 1 次印刷
开　　本： 710mm×1000mm　1/16
字　　数： 205 千字
印　　张： 13.75
书　　号： ISBN 978-7-5158-3150-3
定　　价： 99.00 元

服务热线： 010－58301130－0（前台）
销售热线： 010－58301132（发行部）
010－58302977（网络部）
010－58302837（馆配部、新媒体部）
010－58302813（团购部）
地址邮编： 北京市西城区西环广场 A 座
19－20 层，100044
http：//www.chgslcbs.cn
投稿热线：010－58302907（总编室）
投稿邮箱：1621239583@qq.com

推荐序一

看别人摸石头，助我们过河

国内著名实战营销专家　魏庆

知识，到底有没有保质期？

怎么看新零售？怎么看 B2B？怎么看线上对线下的切分和冲击？

经销商会不会被干掉？老一代营销人将来会不会没饭吃？传统营销“武功”，如何在新环境下迭代？

这些困惑，每个营销人，每个传统企业，现在，都被迫面对。

一方面多数行业，线上比例暂时还是非主流，部分品牌商投鼠忌器，态度骑墙，投入有限；另一方面线上的比例在持续放大，线上线下的价格矛盾日益尖锐，无法回避。

也许，你的品牌强、渠道广、网点多，自诩固若金汤，传统生意的“线下存量”够大，有资格无视那一点“微不足道”的“线上增量”。

但是，增量会主动打上门，让你的存量不得安生。线上销售打破了线下原有的区域划分，你的经销商在叫喊被线上平台抢了生意，终端哭诉消费者天天在店内和线上比价格。

怎么办？

一不小心，优势变成劣势，存量变成包袱。一个大企业，几千名区域经理，几千名经销商，都擅长在传统通路里面打拼，一到新环境就束手无策。

怎么办？

“老革命”遇到了新问题，而且最悲催的是，这次没有教材。

过往的营销进化史里，我们总有样本可以参考，通路扁平化、终端销售、通路精耕、KA 连锁直营、厂商一体化、微观运营……这些曾经风靡的营销理念，都有国际企业所谓的“先进经验、管理制度、培训手册”可以借鉴，也都有先行企业做出标杆，让后来者模仿。

别人摸出石头在哪里，你过河，就容易一些。

这次不同，中国的人口稠密，物流便捷，具有庞大的互联网用户基数，以及异乎寻常的互联网商业发展速度。在全世界，没有哪个市场可以与其比拟，也没有成熟的经验可以借鉴，更没有模式可以照搬。

这回真的需要自己“摸着石头过河”，在战斗中学习战斗，总结出适合中国市场的“武功”体系。

我们看到，中国的企业已经做出种种探索和尝试：

➢ 线下经销商推新卖贵，调整产品结构，和线上的爆品流量进行差异化竞争。

➢ 传统企业利用自己线下的经销商和专卖店、实体店的优势，线上订单，线下配送及服务，产生关联销售，提高客单价，线上线下互相引流。

➢ 线上规范价格，线上线下产品区隔，爆品同款同价。

➢ 价格回归，主流产品暴利时代结束，线下要价格实惠，更要突出优势，突出更好的消费体验。

➢ 发挥传统经销商的客情优势和终端拜访精细化的管理优势：线下三小时送货，配送速度不输于电商。提高拜访率，主动拜访补品项，主动调换货处理不良品，主动及时处理终端客诉。提高终端拜访质量，做好终端生动化、终端明码标价价格管理、动销促销支持。

大家都在摸索自己的打法，遗憾的是，大家各自练习自家独创的“武功”，交流基本停留在企业高层互访，营销人员口口相传，论坛会议上专家理念趋势纵横谈的层面。

真正来自企业实操，经历过实践验证，而后总结成文的知识产品，太少。能让区域经理们看得懂，而且可以借鉴及用于工作的书籍，更少。

许翔先生的这本书，我有幸仔细拜读。企业实战出身的人，写出来的东西，风格完全不同。很多困惑我的问题，在这本书中真的可以找到答案。

江山改尽英雄面，岁月何曾饶旧人。所有知识，都有保质期。

知识的价值和时尚有关，昨天的经验今天未必行得通。人老的时候开口讲的有些是糊涂话。

能力，远比知识和经验靠谱——锻炼自己，学习、实践、研究、总结……从而内化新知识的能力，这种能力让你“青春永驻，历久弥坚”。

总能遇到新问题，又能找到这个问题的解决方案。这也许就是我们做营销的乐趣。

“老革命”碰到新问题的时候不用慌，我们都曾经摸着石头过河，最重要的是，要培养学习习惯和学习的能力——看别人摸石头，助我们过河。

这本书里就有很多，如何过河的石头。

2021年5月2日

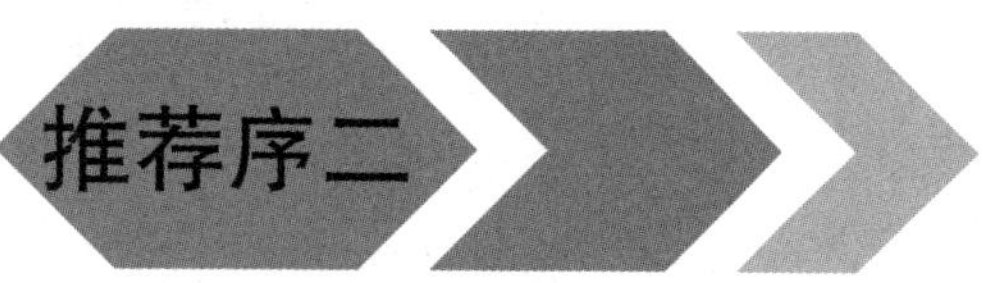

致最先听见“炮火”的人

《新经销》创始人　赵波

什么是渠道?

营销教科书上定义的消费品渠道:

渠道全称为分销渠道(place),引申意为商品销售路线,是商品的流通路线,指厂家的商品通过一定的社会网络或代理商或经销商而卖向不同的区域,达到销售的目的,故而渠道又称网络。

简单来说,渠道是指商品从工厂,不论经过多少个环节最终与消费者见面,并且发生交易的所有环节的统称。注意,这里的渠道包含两层意思:交易和交付。这两个环节,过去在渠道内是同步发生的。

手机、互联网、电商、二维码和小程序等工具,让交易和交付环节开始大幅度压缩,消费者可以不需要在零售店内,只要有信息交互的地方都可以交易。

微商、社交电商,基于互联网的商业模式,通过一件代发,交易环节没有减少,反而大幅度地压缩了交付环节。

但是,所有以互联网为基础设施产生的交易行为,几乎都已经和交付分离。

在某种意义上,消费品行业今天是要重新定义渠道的含义。广义上,商品从品牌商到消费者之间所有通过“交易”而流转的路径,皆可称为“渠道”。这个渠道不一定有实体店，也不一定有实体交易的“场”，而且在哪里交付已经不重要了。

如果只用“交易”来定义渠道，那么基于新兴的技术和新兴的市场，渠道的数量和种类会出现爆炸式的增长。

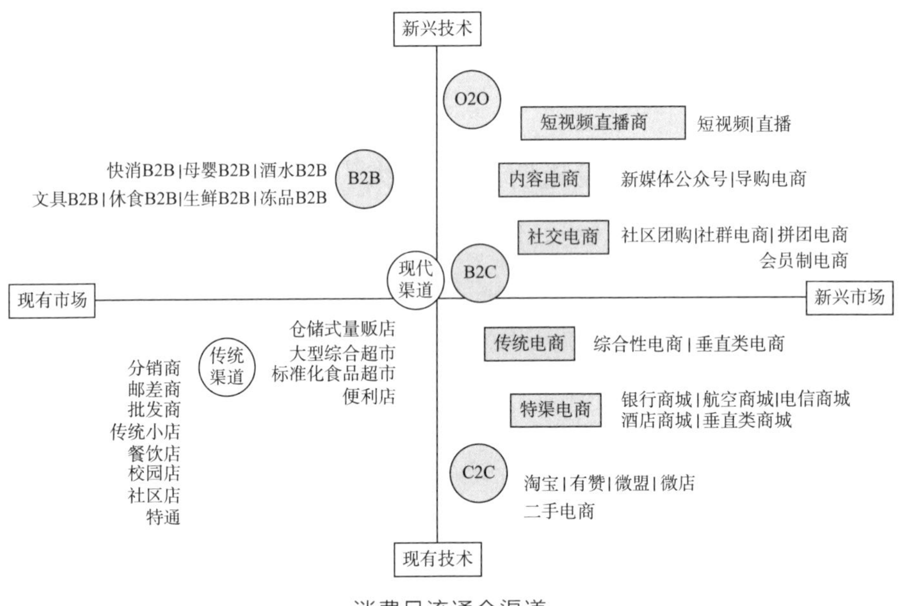

消费品流通全渠道

《新经销》曾经做过一项统计，用新旧技术和新老市场来划分，我们结构性地总结出了今天消费品行业的渠道增加数量，上千种都不止！

渠道的碎片化已经是不争的事实！

我们过去擅长的渠道模式，是一个超大规模的市场，但是消费者需求相对单一，企业只需要开发一个产品，然后大规模生产，用一个相对单一的模式进行分销，这个模式在日化行业被称为“HBG（How-Brands-Grow）”模式。

这种模式下的销售团队，用军队来形容，更像是由单一兵种、超大规模的步兵构成的陆军。

但是，这种模式在今天的市场环境下，缺陷非常明显：

➢ 长利益链，商品从工厂到经销商再到分销商最后到批发商，无法承受短交易链的破坏性价格冲击。

- 人员众多，管理困难，分销模式必须相对单一，就像步兵一样，强调执行，对市场的应变能力不足。
- 过于强调渠道的重要性，而忽视消费者的诉求。
- 深度分销模式功能单一，根本无法支撑大量的创新零售场景平行分销。

可是，当今的零售市场环境，已经没有单纯的线上或线下购物了，有接近 2/3 的消费者是跨渠道购物。线上线下结合的零售，也成了消费者常态化消费的主流模式。所以，全域分销，是每个企业甚至每位城市经理必须掌握的核心技能之一。

什么是全域分销？

在消费者不论是线下和线上、任何时间和空间半径内可触达并且能够交易的场景全部覆盖！

虽然消费者在哪里，我们的货就在哪里，是最理想的状态，但是渠道有上千种，我们根本不可能 100% 覆盖，这就要求我们根据自身的品类特性和消费行为，有甄别地选择渠道投放资源和精力。

亿滋大中华的副总裁朱忆菁在新经销大会上分享过一个观点：

“虽然渠道多元，但不同渠道的购物心智是不一样的。你会发现，最有购物心智的还是线下的大卖场。即使线上是无限货架，上万 SKU，但消费者拿出手机，如果要看 100 个单品，估计手都酸了，一个屏幕同时能看到的单品也就四五个，但大卖场一节货架可以放 20~25 个。

“消费者一分钟可以看 60~70 个单品，线上虽然拿出手机很方便，但看 100 个单品也很费劲。因此，很多的囤货心智还是在大卖场。

“线上 / 线下超市更多的是补货，需要什么买什么。线下超市对比卖场，优势是近；线上超市是随手可达。补货心智，更多的是靠主动搜索。”

所以，全域分销虽然是最理想的模式，但是全渠道覆盖并不经济，消费者的消费行为和品类特性相结合，找到交易概率最大的渠道实现有效覆盖，才是最高效的做法。

在线上，基于大数据支撑，我们不仅要实现覆盖，更要让消费者快速找到商品，实现精准触达。

在线下，我们也要基于新技术支撑，实现更高效的管理和精准分销。作为城市经理，最终极的目标是要融合贯通——打通线上线下渠道，将产品、团队、渠道充分融合，实现一体化营销。

任何企业的营销资源都是有限的，我们在探索新业务时，不仅要看产品特价，更要关注推新能力、促销的 ROI、用户的转化数据等关键细节。

操作的细节过多，本篇文章做序，就不一一阐述了，但是许翔老师基于多年的实战经验而提炼总结的操盘心得，对每个身在一线的城市经理都有足够深的借鉴意义。

这是一个未知大于已知的时代，也是一个思考大于行动的时代，还是一个实践先于理论的时代。

城市经理是一线市场的操盘手，是最先听见“炮火”的人，在市场万千变化的时代，我们不能只靠总部给出清晰的、准确的指引，而是要主动升级自身的认知、技能、工具和组织能力，成为这个时代的弄潮儿，打赢每一场“战役”。

2021 年 5 月于北京

前言

一线城市经理是谁？这是由“一线”“城市”“经理”三个词组成的一个职位称谓。

“一线”是指每个品牌厂家、每个营销组织、每个互联网 BD 业务发展的最前端、最前线。这里的“一线”不是北上广的那种一线，而是营销行业里每一个平凡的前沿毛细血管。

“城市”是全国 300 多个地级市的物理存在，越来越多的品牌公司和互联网平台加码城市战场，以城市为作战单位的营销体系和方法论变得越来越关键。

“经理”是每个城市业务的指挥官，他们以身作则带领团队去拿单、去执行、去落地、去开拓、去收款、去完成公司下达的每一个 KPI。

这样的“一线城市经理”在全国基层销售组织中有近 1000 万人，他们平凡而又特殊，但是他们真正支起了中国快消品销售的一片天！

新型冠状病毒肺炎（以下简称新冠肺炎）疫情之后，新零售加速裂变和迭代，O2O 到家和社区团购等新业态急速萌芽并成熟，连京东、天猫都快被定义为传统电商的当下，需要每一位一线城市经理更有责任心和主动性，积极拥抱变化，用全域思维把当地市场的每个新老渠道做快、做好、做强。

渠道越来越新、越来越多、越来越碎，需要本地团队的快速响应和高质量运维和执行，是时候和传统的“从总部到地方”层层下达和执行的决策链路说“再见”了，快消品销售已经进入城市为王的攻城时代！

正是这个渠道高度碎片化的时代，给广大一线城市经理们当家做主的机会。但是问题来了，让你当主人，你行吗？

以往擅长的分销、铺货、打堆、陈列、拜访等快消基本功和老技术越来越无法承载新渠道业务的新要求，社区团购、ERTM、O2O 到家和直播卖货都要从头学起，老渠道的运作方法也要与时俱进，这是一个即使想留在原地也要拼命奔跑的年代，每一位一线城市经理都将裹挟其中，升级自己和团队才是唯一出路。

本书的目的就是和广大的一线城市经理们探讨全域分销的全新打法，从而能够从容地应对新零售和新渠道的冲击，帮大家升级能力体系和团队全新即战力（应对新形势的即时战斗力）。

其实，本书是无心插柳的意外收获，面对渠道的迅速转变，我觉得应该花点时间去复盘和思考新兴渠道的销售策略和落地打法。后来我就逐步养成了于每周日上午固定思考的习惯，每次的文字稿件都会定期发布在《新经销》的公众号上，不知不觉在一年的时间里发表了 20 多篇文章，全网累计阅读量接近一百万。很多同行朋友给了我鼓励和建议，希望能够汇编成册方便后续的系统性阅读学习，于是在博瑞森的热心帮助下，就有了本书的出版。

考虑到一线城市经理工作繁忙和阅读时间有限，为了方便阅读和理解，本书的结构非常简洁，一共包括五大章节：

第一章，渠道越来越散，进入全域分销时代。

第二章，全域渠道管控升级（上）：主流核心渠道。

第三章，全域渠道管控升级（下）：综合新型渠道。

第四章，提升个人、团队和经销商的能力。

第五章，市场管理的全面升级。

希望本书可以对读者有所借鉴和帮助，能和全域分销体系一起成长和成熟。

为了避免和减缓阅读工具书的枯燥和无聊，本书每一篇文章的首尾两段都加了头尾呼应的情景代入，主人公化名老王。

老王擅长传统商超渠道和批发业务，把当地的经销商管理得很好，但是最近由于新零售、新渠道对当地生意的持续渗透和营销，老王和团队的压力有点大……

一方面要拼命学习新零售和新渠道的新知识和新技能，另一方面要平衡传统渠道和新兴渠道的关系，两边都重要，哪个渠道都不能丢，所以现在老王很头疼。

是不是像极了你身边的同事，或者就是你自己？

让我们通过本书一起走进老王的现实工作中，感同身受而又不断获得启发！

最后，我要把本书送给我的妻子和女儿，每个周日的晚上，女儿总是在我码字时悄悄从背后爬到我的身上，那是人生最美妙的体验，没有之一。

许翔

2021 年 5 月于上海

目 录
CONTENTS

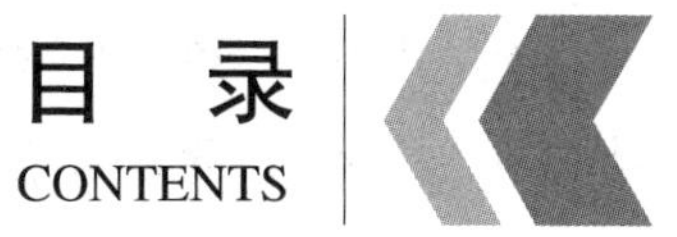

第三章　全域渠道管控升级（下）：综合新型渠道

第四章　提升个人、团队和经销商的能力

第五章　市场管理的全面升级

附录　新冠肺炎疫情下快消人的思考和未来面对极端情况的应对之策

第一章

渠道越来越散，进入全域分销时代

什么是全域分销？

权威消费者调研数据显示，在新零售体系下，70% 以上的消费者已经成为“线上 + 线下”多渠道、多场景购物者，并且这样的多渠道、多场景“全域”消费者的占比每年都以 4%~5% 的速度持续增长。

显然，消费者购物的渠道更多了，他们不仅会继续在线下的“有限货架”重复购物，也会无时无刻地通过线上的“无限货架”下单购买，厂家的销售组织体系必须应变而变！

线下深度分销已经过时！“线上 + 线下”全域分销模式正当时！

因此，传统线下的深度分销模式已经无法承载当下的快消品分销要求，更无法适应未来的生意增长需求。现在，我们需要通过对线上新零售渠道的分销补充和运营提效，将线上和线下多渠道进行打通和融合。

作为身处一线终端市场 20 多年的快消品销售老兵，笔者深刻感受到互联网新零售带来的渠道巨变，特别是后疫情时代，线上新零售场景的生意增长更加迅猛。于是，笔者在《新经销》上第一次提出“全域分销”的概念，并通过 20 多篇连载文章详细阐述了全域分销的整体理论和细节方法。

对于广大的一线城市经理而言，“全域分销”说白了就是消费者在哪儿，我们的分销就要去哪儿！不管是线下还是线上，不管是城市还是乡村，我们必须做好全渠道的触达，带领团队和客户真正成为“全渠道分销专家”！

第一节　全域分销时代，一线城市经理是否将被淘汰

作为一名“老资格”的城市经理，多年来一直被公司倚重的老王最近有点沮丧和消沉，已经连续三个月没拿到业绩奖金了，公司内部英雄

排行榜上也许久没有出现他的名字，邻市小张的业绩扶摇直上、气势逼人，老板也开始敲响警钟……

哄完入睡的孩子，老王走进书房，打开台灯陷入沉思——我真的要被淘汰了吗？

一、渠道越来越多

快速消费品作为消费者的日常刚需商品，由于其低货值、即时消费等特性，过去传统的流通渠道一直是其主要的销售战场。

从 20 世纪 90 年代市场经济开始，一直到 2014 年，以往**原材料供应商—制造品牌商—经销商 / 批发商—零售商—消费者**，这样的线性链路对快消品分销来说没有太大的变化。近年来，随着“互联网 + 资本”对零售行业和消费品行业的持续渗透，传统的快消业态被迫加速分裂和重构。如果仔细观察，你会发现如今的渠道变得越来越新、越来越多、越来越碎片化，如图 1–1 所示。

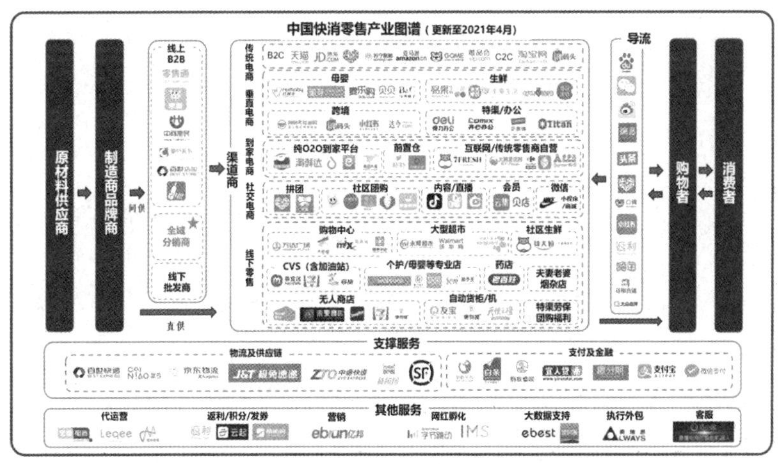

图 1–1　“互联网 + 资本”推动快消品渠道碎片化

尤其是从 2015 年开始，以“双十一”突破 900 亿元为里程碑事件确立了电商的真正崛起。同年，O2O 在资本和龙头 BAT[①] 的推动和加持下，涌现了越来越多的"互联网 +"零售业态和快消平台，加之供给侧改革的大背景，从 2015 年到 2019 年，短短 4 年时间，针对线下传统市场的重构、改造与升级，正如火如荼地进行着。

总的来说，**对快消品从业者而言，现在的卖货渠道越来越多，并且与消费者的距离越来越近。过去传统的快消业态，线性不离散，渠道为王，扎根各物理售点做深度分销，而现在则是越来越分散，与消费者的触点越来越多，几乎每个触点都有可能成为一个售点。**

如图 1-2 所示，B2B 平台正在重构过去传统且单一的商贸流通体系。在零售端，一方面以大型超市为代表，正在纷纷叠加线上到家业务，而传统流通小店，或入驻平台，或借助小程序，将业务延伸至线上。除此之外，各种 O2O 新零售物种正在无限逼近消费者。

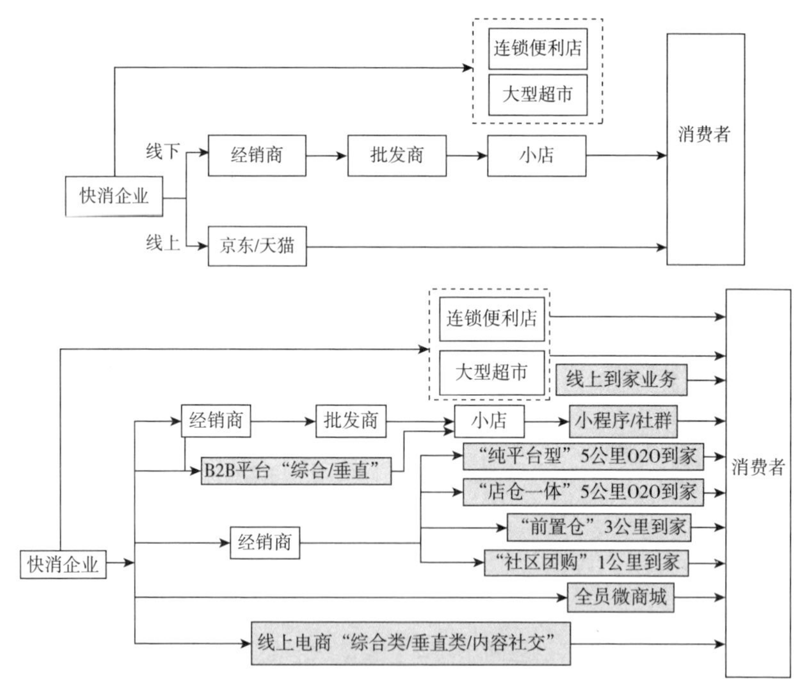

图 1-2　现在与过去的快消业态对比

① BAT，B 指百度、A 指阿里巴巴、T 指腾讯，是中国三大互联网公司百度公司（Baidu）、阿里巴巴集团（Alibaba）、腾讯公司（Tencent）首字母的缩写。

二、快消品厂商如何应对新变化

虽然外部的业态正在发生剧烈的变化，但这对每个快消细分品类中的每家快消品企业来说，面临的机遇和挑战是不一样的。

从品类的视角看，以饮料与冻品为例，虽同为快消品，但相比饮料的高即时性与冻品的家庭消费特性，新零售的出现对传统线上生意的影响小于日化等标品类目。

从企业的视角看，比如日化外资企业，过去传统的线下渠道做得不突出，而如今借助以阿里巴巴零售通、京东新通路为代表的快消 B2B 平台，快速覆盖更多的传统售点，这是增量机会。

但这对本就精通下沉市场精耕的内资日化企业来说，快消 B2B 平台的出现，可能与现存的经销商之间就是存量竞争关系，过去他们通过农村包围城市，以深度分销为手段，完成对传统流通售点的有效覆盖。显然，这与快消 B2B 平台目前覆盖的网点，有很多重合覆盖的利益冲突。

受新冠肺炎疫情的影响，到家渠道和社区团购的井喷式发展，基于家庭高刚需的消费品类，如米面粮油等，势必会分走传统流通渠道和现代卖场的一部分销量。

毋庸置疑，这些不断涌现的新渠道和重构求生的旧渠道，正在深刻地影响着每家快消品厂商现有市场通路的格局。

因此，**笔者提出“全域分销”的概念，即针对快消品通路，抛弃过去单一的线性思维，树立多维度、全渠道的立体分销网络。这需要每个快消品企业对所有渠道进行全面深度的研究和思考，结合自身的品类特性、企业战略及资源配置，综合判定，重仓下注。**

笔者想在眼下零售业态快速迭代和变化中，必然有快消品企业借助新变化实现弯道超车，比如近年来借助线上崛起的创新消费品牌；有一些企业可能无动于衷，继而掉队落寞。这对每家企业的创始人、经营决策层都是一次重大的考验。

当然，笔者认为影响的不仅仅是企业，更多的是企业背后的营销从业者。渠道裂变的背后是销量的分散。笔者想作为快消品厂商的业务经理，对他们的影响首当其冲，相信不少业务经理都深有感触，每天依然很努力，但仍然止不住销量下滑。

面对这些新物种，他们该怎么办？

三、一线城市经理不仅需要加强重视，更要树立正确的认知

快消业态的变化，无论是从真实的市场，还是相关媒体的报道，业务经理已然感知。

若要应对变化，必须先树立正确的拥抱理念。

首先要强调的是，新零售新场景的出现，我们的确要重视，但并不是过往的技能就没有用了。

笔者相信，很多快消从业者从基层一步步爬到城市经理的岗位，过去都是走街串巷、起早贪黑，早上 8 点上班晚上 9 点下班，下班后还要做 PPT、回邮件，是用业绩干出来的，最终才有了月薪 1 万 ~2 万元和操盘市场的能力。

一线城市经理担心过去十几年积累的操盘市场的能力，如今因为新零售、数字通路平台的出现全都没用了，自己会不会失业。笔者觉得完全没必要担心，更不要相信所谓的逃离“舒适区”。

笔者的看法是，在新时代下，业务经理不应该逃离“舒适区”，而是要扩大“舒适区”。渠道的新变化绝不是推倒重来，而是在既有能力体系上的增肌塑肌。什么意思？

当前仍然有 80% 的销量在传统渠道，各种新零售和线上电商的销量占比不到 20%，所以现有的能力不能丢，更不能逃离“舒适区”。正确的做法是，在既有的能力体系下学习新业态下的新技能。

该做生动化陈列、关键销售日的继续做。与此同时，要学习新零售业务，比如了解京东到家，怎么谈卖进，怎么促进销售。

业务经理面对新零售不要怕。简单的理解就是，新零售来了，现在所需的销售技能比以往更多了，不必惊慌，学就是了！

当然，除了一部分过度的悲观者外，还有部分过度的乐观者，总是认为“电商才能卖几个钱”，温水煮青蛙，轻视新零售。笔者认为，这

也是错误的认知。作为一线指挥官，如果拿着旧地图，你永远也找不到新大陆。

总的来说，**作为一名前线城市经理，既不能轻敌，也不能焦虑，更不要听所谓的逃离“舒适区”。从容应对，积极克服，这才是我们应该树立的正确观念。**

四、一线城市经理该如何拥抱新变化

回到一线城市经理做销售的朴素道理：**生意在哪里，我们就去哪里！一部分生意如果离开了主阵地，再怎么努力都没有用。**

一个品类100万元的销售额，过去分在了3个渠道，我们占了30万元的份额，竞争对手占20万元。我们持续努力，将销售额提升到了35万元，竞争对手只有15万元，最后我们赢了。

而现在有10个渠道，竞争对手根本不在过去的3个渠道，而是在其他地方，容量总是有限的，如果持续在原有的战场，我们再怎么努力，销量仍是在下滑。

比如社区团购当前的品类销量占比可能只有1%，未来可能是5%，如果此刻不重视，销量就会丢失。阿里零售通、京东新通路类似的ERTM，2年前没有销量，但如今已是任何一个快消品企业都不能不重视的渠道，销量占比突破双位数指日可待。

全域营销是给企业决策者们看的，对业务经理最简单的理解方式是存量生意和增量生意。

如何理解存量市场？一句话：老场景，老零售。

老场景和老零售中的“老”并不过时，而是意味着记得销量和核心销量。这是过去业务经理擅长的，也是能力可及又还在不断精进提升的生意。这部分生意依然占据着80%左右的占比，是真正的核心生意。

存量市场又可分为直接覆盖和间接覆盖。直接覆盖是各种卖场等现代渠道，这是快消品厂商直接合作的；间接覆盖是当前的各种批发市场，虽然难掌控，但对企业来说，能够实现现金流的快速流转。

如何理解增量市场？一句话：新场景，新零售。

京东到家、淘鲜达是新场景，各类社区团购是新场景，阿里巴巴零售通是新场景……它们都是新零售。除此之外，比如一个饮料品牌，相对传统流通渠道、餐饮门店也是新场景、新零售；一个粮油品牌，相对过往的渠道，企业团购福利也是新场景、新零售。

我们无须站在专家、学者的角度定义新老零售的界限，更不要刻板地生搬硬套。通过两个维度的划分，只是让业务经理对日益变化的市场，能够更加从容地应对和理解。同时，当业务经理在地方市场指挥“作战”时，也更加容易掌控。

界定清楚后，下一步的策略就相对容易了。

针对存量市场，我们要用新工具，提高分销动销的效率。比如路线拜访、销售管理，我们要充分借助数字化的工具系统，帮助我们分析提高拜访效率、费用投放的产出比。

针对增量市场，我们要用新方法，增加更多的生意机会。比如传统夫妻售点覆盖不足，我们可以借船出海，通过阿里巴巴零售通、京东新通路这样的平台帮助我们去覆盖。如果我们自己做，维护成本高且投入产出不一定成正比。

对各类新零售平台，先不管有多少量，躬身入局，主动接洽，先实践再总结。在实践和总结中，寻找规律，掌握方法。只有这样，我们才能真正清楚，面对新零售该怎么学、怎么做。

全域分销的起因是渠道多了，分流了以往的存量并创造了一定的增量，所以我们的底层逻辑是：**生意在哪里，我们就去哪里！**

对扎根一线市场的前线城市经理来说，不要沉迷和迷失于互联网的华丽辞藻里，回归生意的本质就是覆盖和卖出。只不过覆盖已经是线上 + 线下，但是归根结底 FMCG（快速消费品）的本质不会变——卖进和卖出！

城市经理作为一个市场的最高指挥官，最重要的是保持冷静和客观。要知道，过去的市场一直在变，每一年都有新物种，只不过以往的信息没有这么海量，传播成本没有现在这么低，贩卖焦虑和互联网站台没有那么汹涌，仅此而已。

我们的价值体现是增长，增长才是硬道理！

全域分销时代已来，一线城市经理需要做的就是张开双臂，踏实拥抱！

全域分销的未来如何？

一线城市经理必须和新零售喜结连理，白头偕老。

想到这里，老王对“老资格”有了更深刻的思考，新零售和新渠道对于所有人都是重新学习的过程，相对于快消品行业的职场“新鲜人”，“老资格”们不需要悲观地否认自己，而是要积极地拥抱变化，毕竟过往的经验不会消失，努力学习和更新自己就对了！

每一个“老王”都是从“小王”成长起来的，时间从未辜负过上进的快消人，我们也不能辜负时间。加油吧，一线城市经理！

第二节　一线城市经理的全域布局策略

打开家门，抬表看了一眼时间，又是晚上12点。这已经是老王连续第三天加班到凌晨回家了。年过不惑的老王感觉越来越吃力，也越来越疑惑“新零售怎么越做越累、越做越难受……”。作为城市经理，不仅要埋头拉车，更要抬头看路。精耕本地市场多年，习惯自省的老王决定今晚好好想一想。

一、全域增长，动销为王

任何一个区域市场的策略靶心必须是增长！没有增长，一切免谈！

如今新旧渠道交替、并存和撕扯，过往追求一级进货的压货式方法论必然会带来恶性循环，进而导致价格体系的冲突、混乱甚至崩塌。在这样的背景下，笔者提出“全域增长，动销为王”的区域市场布局理念，必须以卖出为核心逻辑。这里不单单指老渠道的二级动销，更关乎新渠道的二级售出。

“全域增长，动销为王”是一个城市（区域）市场的核心业务战略，也是城市经理指挥作战的核心思想。方向确定后，下一步便是策略。

策略切忌“高大上”式的曲高和寡。对于城市经理而言，从沿用多年的营销 4P（渠道、价格、产品、促销）切入更容易理解和落地，加上品牌策略升级（不是总部的投放策略，更多的是品牌在当地市场的低成本传播和本地化），如图 1–3 所示。

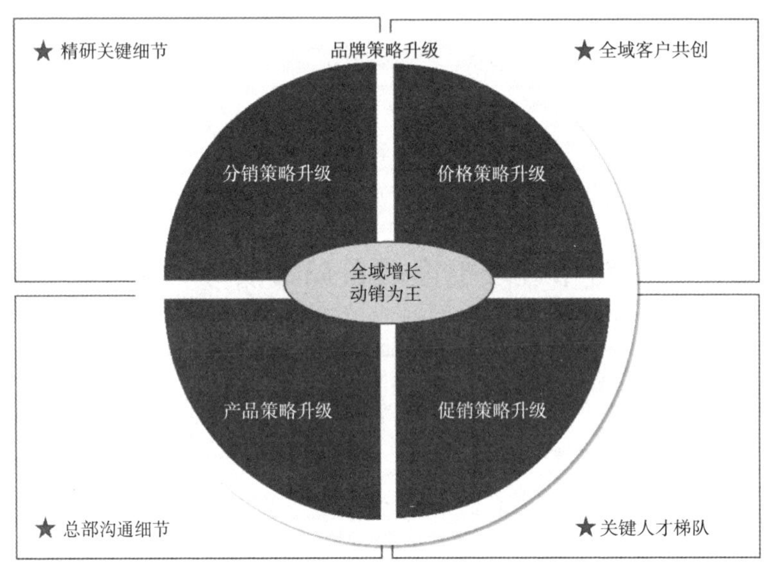

图 1–3　品牌策略升级

先从最重要的分销策略升级说起。

1. 分销铺货不是越广越好，而是越精准越好

谈到分销策略升级，过去我们强调大店的宽度分销和中小店的深度分销，如今我们要将每一个渠道，无论是传统还是新兴的渠道，全部列出来做对比。**以每一个渠道为中心，设计定制化的分销策略。**

比如社区团购是爆品逻辑，甚至 C2M 定制爆品，这和传统流通渠道和卖场是不一样的；卖场作为线下渠道的桥头堡和核心灯塔，大卖场不仅要卖货，还要做品牌曝光。

随着品牌传播的日益碎片化甚至粉尘化，要求每一个大卖场都承担品牌传播的重要角色。不仅要卖核心单品，更要“推新卖高”，让以往只是应付“宽度分销”任务的高端单品和新品真正实现高频动销。

不是卖得越多越好，而是越精准越好。每个渠道背后的购物者都不一样。一线城市经理要结合自身的品牌、品类，精准锚定对应的传统渠道和新兴渠道。

2. 渠道多但价格乱，努力容易付诸东流

坦率地说，在没有全域分销前，以往只有几个主流渠道时，价格就已经乱成一团了。

2000 年前后，国际大卖场进军中国市场，国内大卖场也随之涌起，当时经销商喊着活不下去了，生意被卖场做了。卖场因为集中采购，直接对接厂家，掌握着谈判的话语权，价格上有天然的优势，远高于传统零售门店。

卖场较低的采购价，产品外流至批发市场，养肥了不少濒临倒闭的批发商。发展到后来，又来了一个玩家——电商。2015 年“双十一”天猫销售额 912 亿元，接近千亿元大关。经此大促，To C 电商真正确立了江湖地位。随后便暗流涌动，电商的部分不良后门出货逐步涌入线下，价格链更为混乱。

在此之前，大卖场、批发商和经销商为了完成厂家的任务而“小打小闹”，价格还算可控。**但随着 2015 年以后互联网电商的入局，2016—2017 年快消 B2B 进来，再到 2019 年社区团购井喷式发展，很多厂家的价格体系的良性维系面临空前的压力。**

不难发现，新兴渠道的爆品运营思维有一个典型特征：价格战！没有哪一个新渠道愿意主动帮厂家推销新品，都是在资本或平台的加持下做爆品打价格战。

因此，城市经理要想在区域赢得市场，做好全域分销，必须足够重视价格策略的管理升级。每个渠道间的价格设计要清楚，一旦做不好便会重蹈覆辙，比过去简单的冲货砸价，影响更严重。

除了设立价格防火墙和建立电子或者物理打码系统外，还需要重新构建各渠道的价格链。比如设立电商、卖场、经销商三个价格梯度。**电商价格最高，大卖场次之，经销商相对价格最低，传统的经销商渠道一般都是接盘者，要做好保护和扶持工作。**

3. 渠道产品差异化，推新是关键

产品跟着渠道走，产品策略升级的核心需把握两个关键点：第一，区隔差异；第二，组合推新。

产品策略要结合渠道经营的特性和背后的消费者进行综合制定，比如电商卖的产品和 KA 卖场、社区团购，甚至传统经销商的产品都要区隔开，**即使是同品项的产品，规格也要有适当的差异，不同渠道卖不同的产品。**

规格区隔的同时，在产品组合方面要充分考虑每个渠道的定位。比如大卖场的产品组合要全品类、全品项，卖场既是主流渠道，也是传播阵地，确保满足各类消费群体的需求；在便利店，年轻消费者居多，小规格和新奇特是主要的选品方向。

产品策略的另一个关键是如何养活新品，推不好新品就谈不上产品组合的升级。**谁能赢得全域分销这场战役，就看“推新卖高”的数量和质量。如果推新不成功，只靠老品吃老本，只能沦落为打价格战，最后一地鸡毛。**

4. 促销注重 ROI，因场而变

过去的促销策略，如果厂家实行的是深度分销制，能直控到最末端的小店，促销策略上以产品搭赠、政策返利或相关促销品为主，促销形式单一，可操作的空间有限，效率不高，无法有效测算投入产出比。

但全域分销时代，无论是以 ERTM 为代表的老场景新运用，还是以新零售 O2O 为代表的新场景数字化，精准营销逐步成为新老场景的标配。此时，**促销策略的升级核心便是：注重 ROI 费效比，促销精确指导。**

任何一个厂商都会关注投资费效比，更不会为了迎合新型渠道的销量而牺牲利润，健康良性才是最佳的经营状态，不可能寅吃卯粮。比如过去厂家考核评估小店促销的 ROI，部分企业可能只到经销商层面的大账，而现在通过 ERTM POS 系统可以测算最末端的小店投资回报率，实时的销量数据互通，能实时掌控终端 ROI。

渠道多了，形态也发生了变化，城市经理要清楚各渠道的玩法和规则，**在注重 ROI 的同时聚焦投资，找到各渠道最有效的促销形式，而不是所有的促销都要做，要精确指导。**

比如针对新零售到家平台，最有效的形式不是搭赠，而是免运费。赠品虽然好，但履约效率非常低。如今的到家平台，可以做到千店千面，不同的 SKU 不同的商品库存，如果还是像线下做搭赠的形式，各店的赠品库存便无法得到保障，随之便带来客诉。

过去针对经销批发环节的赠品小家电，现在已经过时了。但现在用在 ERTM 平台上，直接给到小店主，非常实用。

总结一句话：新渠道的促销依然要以 ROI 为先，促销的形式要因场而变。

二、根据区域特色，实现品牌传播的低成本和本地化

快消品的核心是品牌，没有品牌的保驾护航，即使产品分销得再广，也很容易昙花一现。品牌是快消品企业的命脉。因此，作为一线城市经理，在品牌策略升级方面要考虑总部制定的品牌策略、如何结合区域市场落地执行、实现品牌传播的低成本和本地化。

关于城市市场的品牌建设落地，核心体现在四个层面：

第一，头部终端的品牌影响力打造，比如 KA 卖场。

第二，地方舆论型、事件型主题活动的参与赞助。

第三，基于特定目标群体的品牌赞助推广活动。

第四，乡镇路演活动等。

典型的如 KA 卖场内电梯广告、联合卖场的广场舞大赛、地方的马拉松比赛、羽毛球比赛活动赞助，以及地方高校活动赞助及乡镇的大篷车路演。

品牌策略的落地，一方面是厂家总部，通过各类传统或新媒体投放，分配到该市场的，虽然可能没有直接体现，但城市经理必须学会主

动跟总部沟通，争取更多的投放资源。

另一方面向总部反馈更多的区域特色，希望得到定点支持。比如本地人更喜欢看爱奇艺，是否可以申请在投放爱奇艺时往本城市进行基于LBS（基于位置服务）的精准投放；与地方连锁卖场合作举办主题活动时申请投放资源，在卖场周边的居民社区和写字楼的分众传媒投放相关信息。

以上是在全域分销时代，五大核心板块需要重点关注的策略。当整体的市场布局确立之后，下一步便是在组织层面上考虑如何落地，确保策略的实施，从而实现业绩的可持续增长。

三、细节、资源、共创和人才

全域分销时代，渠道变多了，相应的组织能力体系也需要升级迭代。虽然组织能力的升级是一个系统性工程，但大体可以分为四个方向：

方向 1：精研关键细节。

精研关键细节的起点在于要有辨别关键细节的能力。

关键细节要有优先级，不能每个都精研，人的时间、精力和资源都是有限的。

每一位城市经理必须制定自己的渠道优先次序——结合本地市场的特质和现状，确认哪几个渠道是必须全力推动的。“床前明月光，疑似地上霜”，我们为什么能记住这两句诗？因为耳朵反复听到这两句诗，声音信号（比如大卖场到家 O2O 和 ERTM）、哪些渠道是适当推动（比如社区团购）、哪些渠道是小团队播种（比如帮助经销商线上开网店）。

方向 2：沟通总部资源。

全域分销时代，生意被掰裂了、揉碎了，总部和大区的资源也会变得零散。

在一个区域市场，如今的城市经理要想得到更多的资源，必须学会用新渠道的新生意逻辑与总部沟通。面对新渠道，总部和大区的资源部门也不专业，心里也没底，投放与否更多依靠计划的可行性和对执行结果的判断和预测，所以要建立自己的口碑，承诺必达，说到做到。从而在新零售内部资源争取中赢得优势，一旦得到内部资源的良性支持循环，你的新渠道生意增长就会更加顺利。

销售环境一直在变，但是“会哭的孩子有奶吃”这个浅显的资源分配逻辑却始终没变，资源永远是为主动的团队和生意准备的。

方向 3：全域客户共创。

无论是新零售 O2O、社区团购还是 ERTM，都是近几年的新物种。在经营过程中，**这些新物种平台也需要快消品企业的助力，而快消品企业有着对消费者深刻的理解和洞察，两者不是简单的合作或依附关系，而是共同成长和迭代。**

因此，城市经理可以主动协助，甚至拿出资源，比如某个平台近期的工作重点是活跃客户数，城市经理可以拿出促销资源，帮助提高客户的活跃数。当你帮助了别人，后期平台对外展示的资源也会向你倾斜。

当前传统的流通经销商或批发商，受各种渠道的影响而焦虑时，你可以帮助他们做数字化的升级，比如开拼多多店、淘宝店等，提升经销商对数字化工具的应用等，你帮助他们抓住了生意机会，你的销量任务也会得到重视。

方向 4：关键人才梯队。

关于全域分销的关键人才梯队，笔者倡导的方式是用“新人”打新市场，刺激资深“老人”加快进步。

让“新人”做互联网新零售，主要是基于以下三点：

第一，大卖场和传统经销商的谈判，需要一定的经验积累和社会阅历，资深同事更适合，“新人”相对难把握。

第二，互联网新零售是新物种，大部分合作方也是以年轻群体为主，沟通顺畅，节奏快，不官僚，层级透明，适合“新人”练兵。

第三，新零售正处于快速发展阶段，销量增长明显，也能刺激“老人”加快学习。尤其是以往瞧不上新零售的人，看见增长，也会主动融入。

市场从来不是一成不变的，城市经理要想获得全域增长，必须具有市场危机意识。时刻关注市场，管理每一位成员发现问题，即时反馈，

看到机会，及时跟进。

夜深了，老王通过今天的复盘和思考更加坚定了一个认知——在全域分销时代，每天埋头拉车不仅要抬头看路，更要勤抬头，多抬头！因为互联网思维下的新零售、新全域唯一不变的就是时刻在变，唯有动态应对、敏捷布局才能应对快速迭代的营销环境。规律不可逆，人性不可违，组织不可乱，布局不可死！想到这里，老王长舒一口气，今晚可以睡个好觉了，并在心里给自己定了一个小目标“明天不加班，准时下班回家陪女儿上网课……”

第三节　全域分销策略升级：雄心、用心和细心

从办公室的阳台向下看，楼下城市主干道的车流又恢复了许久不见的拥堵，然而卖场里的人流却依然不见好转……

刚刚开完电话会议的老王满面愁容，原指望今天能在会上谈谈减指标，但是等来的还是省经理的字字铿锵——“总部要求将新冠肺炎疫情期间丢失的销量在接下来的两个月内补回来……”

老王又点上一根烟，狠狠地吸了几口，心里暗暗给自己打气——“抢！必须抢！再难也要把销量从竞争对手那儿抢过来！”

如果没有新冠肺炎疫情的出现，相信很多一线城市经理对 O2O、ERTM、社区团购和到家业务等新零售仍然没有足够的重视。

新冠肺炎疫情的突发，不少指望线下开门红的城市经理傻眼了，突然发觉到家平台、社区团购和 ERTM 等渠道，原来卖货可以这么猛！

虽然这些新零售、新渠道、新场景有两三年的发展，但对很多快消品厂商来说，依然对此没有足够的重视。**这次新冠肺炎疫情势必会成为标志性的“分水岭”，加速推动新零售、新渠道的演变进程，快消品行业的“全域分销”形态从此确立。**

新冠肺炎疫情发生后，**主动求变的城市经理应该重视渠道演变进程已然加速，是时候重新规划设计全年指标达成预期和进度分配**（Q2 的指标如何调整？上半年的既定指标是调低还是保持？全年的目标是否也要做相应的调整？），同时布局明年甚至后年的生意节奏和增长点！

分销！作为一线城市经理最首要的底层基建工作，必须对此做好短期、中期和长期的规划和布局。

在全域分销形态下，一名城市经理如何做好分销策略的升级？可以从三个维度来切入。

一、全域分销策略布局的“雄心”

以老王负责的 ×× 区域市场为例，表 1–1 是一张简要的 2021 年 ×× 区域市场分销布局表。

表 1–1　2021 年 ×× 区域市场分销布局

场景	疫情前		VS	疫情后	
	生意占比/%	增长预期		生意占比/%	增长预期
老场景	35	↓	连锁卖场	37	↑
	20	↑	地方超市	15	↓
	5	↑	便利店	3	↓
	15	↑	批发市场	8	↓
	10	→	食杂小店	6	↓
	3	→	化妆品等专业零售渠道	2	↓
	2	↑	团购福利	4	↓

续表

场景	疫情前		VS	疫情后	
	生意占比 / %	增长预期		生意占比 / %	增长预期
新场景	2	→	O2O 到家	8	↑
	2	→	社区团购	5	↑
	5	→	ERTIM	10	↑
	1	→	2C 电商	2	↑

如果没有新冠肺炎疫情出现，之前设计的预期增长主要来自地方超市 BC 场、便利店和批发市场等渠道。新冠肺炎疫情之后，每个渠道的增长预期必将发生很大的变化。

最现实的是新冠肺炎疫情直接导致两个月（2020 年 2 月和 3 月）的生意损失，城市经理最紧迫、最具挑战性的任务来了。

如何才能完成公司 2021 年初下达的全年既定年度指标？

调整渠道预期，重新布局思考！根据 2021 年初的生意计划，老场景占比 90%，而新场景仅仅贡献 10%。没有疫情，连锁卖场应该会延续前几年的趋势继续惯性微跌。

新冠肺炎疫情发生后，大卖场的到家业务突然井喷式发展，快速发展的到家业务不仅收获了订单的增长，更重要的是培养了购物者的消费习惯，大卖场受益到家业务的强劲助力，未来的渠道预期是不降反升。

比如更加纯粹的 O2O 平台，如朴朴超市、每日优鲜这类前置仓到家平台增长动能进一步释放，它们的增长预期必须进一步上调。

新冠肺炎疫情期间，受益于高效的物流体系，几大头部 B2B 平台生意同样涨势喜人，完全离散的小店覆盖和维护交给他们更加靠谱，所以必须及时上调 ERTM 这个新渠道的增长目标。

在全域分销时代下，一线城市经理需要确定分销策略升级的速度和布局的高度。每个城市经理是最了解当地市场的指挥官，根据当地市场新零售发展的业态因势利导、因地制宜。

从过往的销售数据分析未来 1~3 年各类渠道的增长预期，即使可能不精准，也一定要做客观和主动的判断。因为这决定着未来市场工作的重心和细节分销的落地。

什么是分销布局的雄心？就是即使丢失了 2 个月的销量，也一定要守住全年年度增长的底线！全域分销的目的是抢夺份额、抢占市场。

对城市经理来说，必须对老场景和新场景在新冠肺炎疫情前后的生意涨跌和发展做一个全面而细致的梳理，甚至要有一定策略和战略的高度，敢于挑战未来 3 年的高位复合增长，而非混日子坐等靠。

一名优秀的城市经理，排兵布阵是关键，而排兵布阵的前提是要对各个渠道有清晰准确的判断，通过增长预期分解生意占比，继而完成全年度的生意目标，立志在 2022 年成为当地市场的增长第一！

二、全域分销策略升级的“用心”

当城市经理有了区域市场分销布局思路后，确定了各渠道 1~3 年的预期，下一步便是分解，寻找存量和增量，如表 1–2 所示。

表 1–2　存量和增量的分析

观点：全域营销是存量思维和增量思维的结合

		直接覆盖	间接覆盖
存量	老场景 老零售	NKC/RKC Hyper+LS大店 DT Hyper+LS大店 DT SS 中店（BC场） CVS...	批发市场
增量	新场景 新零售	O2O到家平台 社区团购 公司购劳保 COS Channel 微商…	阿里零售通 京东新通路 本地其他B2B平台

关于存量和增量的分析，笔者的建议是：

城市经理一定要以 SKU 为单位进行切入，产品是一箱一箱、一包一包、一支一支卖出去的。任何销售计划，如果没有落实到 SKU 层面，

都是纸上谈兵。2021 年 ×× 区域市场各渠道分析，如表 1-3 所示。

表 1-3　2021 年 ×× 区域市场各渠道分析

场景	渠道	增长预期	存量分析	增量分析
老场景	连锁卖场		SKU 排名分析 淘汰尾部 SKU 精简腰部 SKU 强化头部 SKU	连锁卖场 + 到家业务 地方超市 + 到家业务 便利店 + 电子购物券 批发市场 + 线上运营 团购福利 + 微信激活
	地方超市			
	便利店			
	批发市场			
	食杂小店			
	化妆品等专业零售渠道			
	团购福利			
新场景	O2O 到家		SUK 诊断分析 生意占比分析 关注 ROI 产出	增量的抓手 费比的优化 C2M 定制机会
	社区团购			
	ERTM			
	2C 电商			

1. 老场景和存量分析

针对老场景的存量市场，城市经理要做的是对每个渠道的 SKU 进行排名分析和考察。

淘汰尾部 SKU，即使你不汰换，零售商也会要求你下架，长尾 SKU 对零售商来说也是库存的无效占用。“淘汰尾部 SKU、精简腰部 SKU、强化头部 SKU”，针对老场景下的存量市场还是常怀竞争思维，以博弈为主。

2. 老场景和增量分析

老场景的增量来源，核心是老场景利用互联网新方法实现的改造和升级，从而延伸出新的生意机会。

以家乐福为例，接入的 O2O 到家平台有 5 个，即苏宁易购、苏宁小店、家乐福小程序、美团、饿了么。每个到家平台都有自己的私域流量，每个平台都有高黏性的销量，城市经理需要考虑设计什么样的SKU组合匹配不同的平台。

同时，要进一步思考和分析线下卖场的头部SKU，如何转化成线上的头部SKU。线下可能有十几个头部SKU，而线上的爆品逻辑，可能只有5~6个SKU，这就需要城市经理甄别和判断取舍。

再看地方超市，现在不少本地小连锁超市和个人超市还没有开通到家业务。此时的增量机会来源是——你主动帮助他们牵线搭桥。城市经理和各类到家平台或多或少都有一定的联系和合作，而小规模和个体超市老板不一定有这样的意识，或者找不到相关的人和渠道。

你帮助他们对接，你就有机会优先抢占平台资源，实现“先入为主”。

便利店渠道，可以借助移动支付或者电子购物券，实现增量机会。虽然量不大，但聚沙成塔。当前，无论是全国性便利店（如全家、7-11、美宜佳）还是区域的连锁便利店，都实行了移动支付、电子购物券满减，也会有一定的销量转化。

关于批发市场，不少批发商都在尝试利用数字化的工具将线下流水线上化。通过线上订货会等形式，突破地域交流上的不便。这些摸索和尝试，需要厂家的支持和协助。

显然，这些对品牌方来说都是增量，谁做得早谁就受益。城市经理可以帮助他们打通线上，尤其是地方大商，做数字化的升级，提升管理效率，通过帮扶也会对本品销售进行资源倾斜。

团购福利市场，过去的团购福利基本是靠电话等方式，如今借助微商的社交裂变，仍然可以实现增量，比如发动过去的促销员，通过朋友圈、海报等方式进行裂变，把以前对接的团购客户激活。

3. 新场景和存量分析

新场景的出现，早的已经有三四年的时间，晚的也有一年多了，虽然对快消品厂商的销量贡献有限，但面临的问题不少。针对当下的新场景，特别是ROI费效比和对线下市场的价格冲突，需要重点关注和分析。

城市经理要做的是，**对现有场景下的分销SKU做一个全盘的梳理。**

对比过去一年的数据，哪些渠道需要增加分销，哪些渠道需要减少分销。同样做一个排名分析，对应各类新场景的定位，做判断、做取舍。

4. 新场景和增量分析

针对新场景，对存量做短中期诊断，增量必须做长期规划。通过存量分析，并结合对各渠道的增长预期，确定各类渠道的增量抓手在哪里，增量的费比如何优化，同时重点考虑部分渠道是否有做 C2M（定制装）的可能。

注意：分销升级策略最终落地到每一个单品只是起点，任何计划都要考量可行性。城市经理需要结合当地市场经销商的配合度，尤其是物流能力、业务员能力等方面做匹配，不能做超出能力的事情。

总的来说，作为一名城市经理，针对当前的全域分销环境，老场景、老渠道是存量博弈，需抢占份额；新场景、新渠道是增量赛道，要抢占先机。

三、全域分销策略落地的“细心”

从设定目标到各渠道分析分解目标，最后一步便是分销的落地。**所有的规划必须落地，从策略落实到分解动作**。具体如何落地？在笔者看来便是细化到每个渠道的分销 SKU。2021 年 ×× 区域市场各渠道 SKU 销售一览，如表 1-4 所示。

以一个本地连锁卖场为例，现有分销品项有 56 个 SKU，高中低价位和大中小规格（注：本划分维度仅为举例，具体可以结合不同品项特征划分），根据存量和增量的分析，分解到具体的分销品项。

基于这样的维度，2021 年的分销品项的目标，可能从 56 个增加到 60 个。连锁卖场的到家业务渠道要增加哪几个 SKU，中低档要减少几个 SKU，高档要增加几个 SKU。同样的道理，各规格的 SKU 如何调整？分销调整优化需参考三个维度：

第一，过去渠道的 SKU 的销售分析。

第二，渠道的特征及背后购物者画像和诉求。

第三，渠道未来 3~6 个月的增长潜力预判。

表 1-4　2021 年 ×× 区域市场各渠道 SKU 销售一览

<table>
<tr><th rowspan="2">场景</th><th rowspan="2">渠道</th><th rowspan="2">SKU 规格</th><th>现有分销品项高中低价位</th><th>2020 年分销品项目标：高中低价位</th></tr>
<tr><th>高 中 低</th><th>高 中 低</th></tr>
<tr><td rowspan="7">老场景</td><td>连锁卖场</td><td>大 中 小</td><td colspan="2" rowspan="7">分销调整优化需参考三个维度：
过去渠道的 SKU 的销售分析
渠道的特征及背后购物者画像和诉求
渠道未来 3~6 个月的增长潜力预判</td></tr>
<tr><td>地方超市</td><td rowspan="6"></td></tr>
<tr><td>便利店</td></tr>
<tr><td>批发市场</td></tr>
<tr><td>食杂小店</td></tr>
<tr><td>化妆品等专业零售渠道</td></tr>
<tr><td>团购福利</td></tr>
<tr><td rowspan="4">新场景</td><td>O2O 到家</td><td rowspan="4"></td><td colspan="2" rowspan="4">分销调整优化需参考三个维度：
过去渠道的 SKU 的销售分析
渠道的特征及背后购物者画像和诉求
渠道未来 3~6 个月的增长潜力预判</td></tr>
<tr><td>社区团购</td></tr>
<tr><td>ERTM</td></tr>
<tr><td>2C 电商</td></tr>
</table>

比如连锁卖场有 56 个 SKU，高档有 11 个 SKU。由于新冠肺炎疫情后，连锁卖场生意向好，高价格带的 SKU 便从 11 个变成 20 个。新增的 9 个 SKU 可能是大规格 3 个、中规格 4 个、小规格 2 个。

城市经理必须把计划做到这一步，一定要切实分解到每个渠道的每个 SKU，尤其是重要和高增长潜力渠道。只有落地到这一层面，才会有真正的执行力。

四、别在播种的季节想着收割

全域分销的时代，新场景在生长，老场景也在迭代。一名主动而上进的城市经理必须有三年“分销升级”的中期心态。

对于厂家而言，一个市场的城市经理不能更换过于频繁。笔者发现，近几年快消品行业流行赛马机制，城市经理一年一任期，每年重新竞聘，到期后谁的次年计划做得好，谁承诺的销量高，甚至谁的 PPT 做得好就用谁。**这很容易带来一个负面效应：短期行为越来越多，压货思**

路取代了动销思维。

作为一线的快消人，需要静下心来思考，尤其是新冠肺炎疫情过后的全域分销时代，此时正是市场的起跑时期、播种时期，如果揠苗助长，只会是要了短期的销量而毁了长期的发展。

当前出现的新赛道要第一时间布局，但不是第一时间压货压仓。**先播种，待新场景成为主流，那时才是真正收割的时候。**

因此，当前只是全域分销的开始，初始阶段相应的组织也要有定力。没有组织定力便没有真正的落地执行！组织一年一变，根本没办法实现区域市场的长期可持续增长。

组织的变动会造成不可持续性，每名指挥官都有一套自己的打法和逻辑，每个区域市场的渠道生态又千差万别。**切忌在新零售时代下，还用老场景、老零售的压货思想和短期达成指标的思维去做事，那是一条不归路。**

放下焦躁，保持定力。对待每个城市和区域市场，一线的城市经理至少要有三年的中期眼光去看待和谋划，只有兼具分销布局的雄心、分销升级的用心和分销落地的细心，才能真正成为当地市场的品类冠军。

老王终于想通了，新冠肺炎疫情对于公司的影响远远大于对个人的影响，作为一名多年和公司共同成长的城市经理，此时不能有丝毫负面的惯性思维，而是要以身作则，带领团队重新回到市场战斗，要主动抢陈列、抢销量、抢份额！

作为团队的头狼，在逆境中即使受了伤也要自己舔好伤口，起身继续战斗！

牛羊总是成群，唯有猛兽才会独行！坚决不做随大溜的“群羊”，坚持做力挽狂澜的“头狼”！

老王掏出手机给省经理发了一条微信——“大疫无情人有情，越是危难见真功！Q1 损失 Q2 补，半年指标不动摇！”

第四节 不是推倒重来，而是在既有能力体系上增肌

大后天要去省城分公司做季度述职，老王决定今晚留在办公室加班，把述职PPT做完再回家。

他一边抽着香烟，一边整理思路，这些日子和团队一起“抗疫”的点点滴滴不断涌现：

每一天健康打卡、每一场直播卖货、每一车艰难到货、每一笔防疫劳保、每一轮仓库盘点、每一次宣传……

其实，新冠肺炎疫情让老王和他的团队改变了很多……

不要恐惧新零售和全域营销！新零售不是对自身能力体系的推倒重来，而是基于现有能力体系的技能增加和扩展！

我们以往在日常工作中得到的教诲是——“面对新零售、新环境，我们要跳出和逃离自身的舒适区，要对自己的能力体系进行迭代！”

为什么要逃离？我们花了很多年，吃了那么多亏、踩了那么多坑、犯过那么多错、受过那么多苦，好不容易才建立起一套行之有效的能力体系，这个“能力舒适区”是岁月积累和经验沉淀，为什么要逃离？**新零售和新全域没那么玄乎，更不是高科技。**

我们不需要逃离舒适区，我们只需要扩大舒适区，在既有能力体系上增肌塑肌！我们无须从头学习新零售、新全域，只需在核心零售的基础上增加新零售和新全域的技能扩展！我们不需推倒既有技能体系，只需扩大自己的能力体系！

一、定位：做精存量，做大增量

全域分销落地到实际工作中，简而言之，便是现在的卖货渠道越来越多，与消费者的距离越来越近。原来固定在 4~5 个渠道，做好销售就行了，但现在有 8~10 个渠道，总容量是有限的，除了抓好原有渠道销量不放松，新渠道也要及时跟进。

10 个渠道怎么划分？**笔者认为，最简单的划分就是存量和增量。存量对应的是原有的渠道，即老场景、老零售。增量对应的是新型的渠道，即新场景、新零售。**

围绕这两点，一线城市经理要做的是存量要做精，持续挖潜，不能丢，当前还是生意贡献的主要来源；增量要做大，不管有多少量，躬身入局，主动接洽，先实践再总结。

对于城市经理，增长才是硬道理。没有增长，就谈不上是一位合格的销售经理，这是做销售的基本原则，也是基本的底线。

围绕着存量和增量，延展开就是具体新场景和老场景下对应的 4P（渠道、产品、价格、促销），这也是城市经理做市场的基本模型。通过产品策略、分销策略、价格策略和促销策略结合全域分销时代下的特点，摸索和总结出全域分销新老场景的生意基本模型，如图 1–4 所示。

通过对全域分销新 4P 的深入探讨和解析，我们发现一旦要落实到每日的完美执行，老场景和新场景其实是“我中有你、你中有我”的运作状态，不能完全分成两个维度去做事。

比如 O2O 到家业务大多数都是依附传统零售商的延伸服务，相关的促销机制很多都是线下海报的线上上翻[①]，和线下门店服务的人群是一样的。

说白了，零售商 O2O 到家业务可以看作是一个大店渠道的新玩法和新操作，管理这块新业务依然是以前管理线下生意的销售人员。不管是新场景还是老场景，以渠道维度去引导、去推动，对于一线销售团队是最容易理解和执行的。

---

① 上翻是 O2O 的专业口语，也就是零售客户线下的促销活动同步到线上到家平台，实现线上线下同样的促销机制。

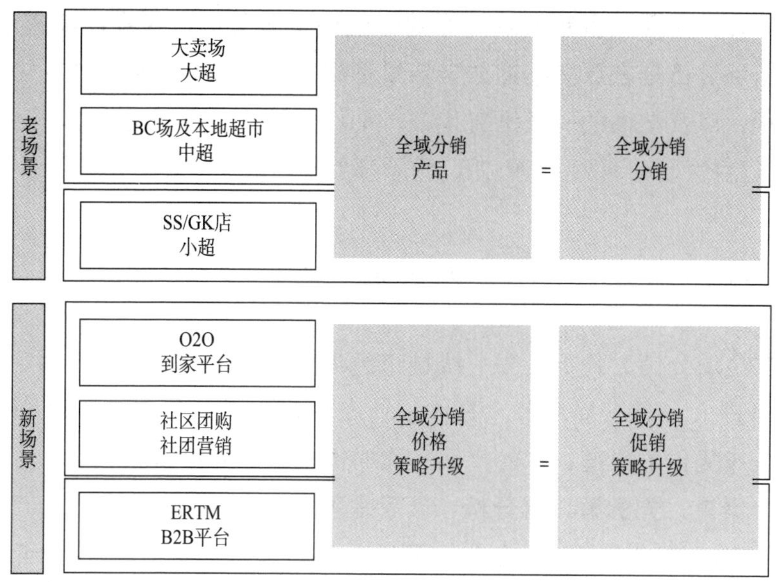

图 1-4　全域分销新老场景的生意基本模型

图 1-5 就是从渠道维度，融合了新场景和老场景，让延展出的全域分销新 4P 方法论真正落实到每一位基层销售的每日执行工作中。

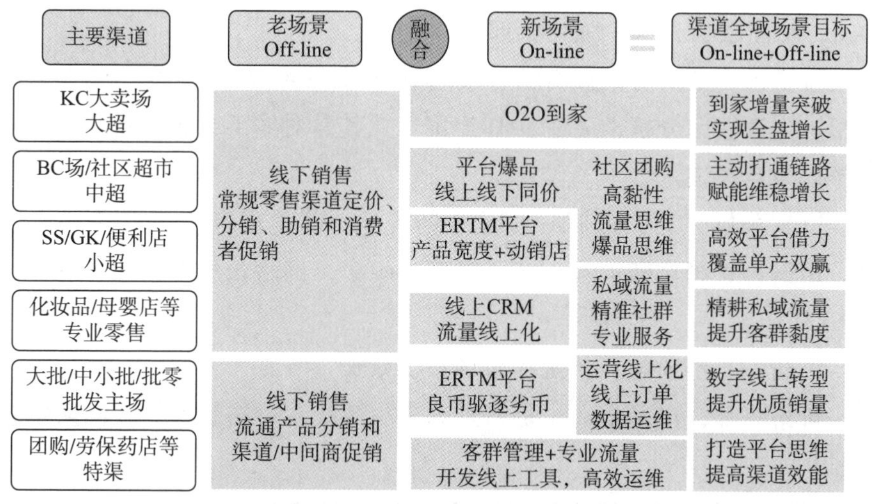

图 1-5　从渠道维度融合新场景和老场景

其实，目前大多数快消厂家的一线销售队伍运作还是以渠道划分，很多新场景都是在原有渠道的老场景基础上的延伸和拓展。作为一线城市经理，以及下面的一线销售代表，不仅要维持老场景的存量，还要精研新场景的增量，两手都要抓，两手都要硬。

二、策略：以 SKU 为最小单位，布局市场

在全域分销时代下，当一线城市经理有了清晰的市场定位后，下一步便是进入市场布局环节。具体如何布局？笔者的建议是：**以 SKU 为单位，布局你的渠道、你的产品、你的价格及你的促销。**

1. 渠道：先拆解，再分析，最后是落地

作为一线城市经理，首先拿到的是销售指标，如 2020 年全年的销售目标。基于销售目标，结合新冠肺炎疫情前后的变化，拆解到每个新老场景下的渠道。

在这里，城市经理要重新思考，受新冠肺炎疫情的影响，渠道销售占比的变化。比如到家电商的快速增长，结合个人对本地市场的洞察和判断，调整渠道生意的预期。

确定生意占比后，开始针对每个场景进行分析。老场景，城市经理首先要做的是对每个渠道的 SKU 进行排名分析。**核心策略：淘汰尾部 SKU，精简腰部 SKU，强化头部 SKU。**

新场景，虽然对销量贡献有限，但问题不少。**核心策略：SKU 诊断分析，生意占比分析，关注 ROI 产出，尤其是对线下或老场景的价格冲突予以重点关注。**

拆解分析完后，最后一步是分销落地。基于现有 SKU 的分析，以及背后购物者画像和诉求，结合未来 3~6 个月的增长潜力预判，调整每个 SKU。

2. 价格：稳价格，就是稳市场、稳增长

价格一乱，市场全乱。价格永远是生命线，价格管不好，何谈生意增长！

“控价防窜，维稳市场”是一线城市经理的重要职责。虽然全国的

价格不可控，但落地到地方市场，城市经理要做到主动可控。根据不同 SKU 在不同渠道的生意占比，设立价格预警机制。

通常来说，大店和 BC 场是经销商和本地销售团队的核心生意，这两个渠道对价格的管控，城市经理已经非常有经验，能管得住。但批发渠道，本来就是价格思维，现金为王。社区团购，追求爆品和流量，两个渠道价格都过低，必须重点关注。

这两个渠道，城市经理要落实到每个核心 SKU，综合毛利计算，设计价格区间值。价格的底线是什么，一旦超过底线，城市经理必须管。

任何一个畅销品，都是一步一步做起来的，逐步成为厂家和经销商的利润来源。因此，对畅销品的价格运维，核心要做四件事：**了解外部价格风向，掌控本地市场，抓关键渠道、关键单品、关键客户，延长和稳定畅销品的市场周期**。对畅销品的价格运维，如表 1–5 所示。

表 1–5　对畅销品的价格运维

<table>
<tr><th>渠道重要性</th><th>渠道名称</th><th>生意占比/%</th><th>渠道价格特性</th><th>核心 SKU1</th><th>核心 SKU2</th><th>核心 SKU3</th></tr>
<tr><td>1</td><td>老场景 – 大店</td><td>40~50</td><td rowspan="2">本地团队的核心生意账期 + 服务不易受价格冲击</td><td>区间值</td><td>区间值</td><td>区间值</td></tr>
<tr><td>2</td><td>老场景 –BC 场</td><td>20</td><td>区间值</td><td>区间值</td><td>区间值</td></tr>
<tr><td>3</td><td>老场景 – 批发</td><td>20</td><td rowspan="2">批发市场价格思维
新兴渠道爆品思维
打爆品主要打价格</td><td>区间值</td><td>区间值</td><td>区间值</td></tr>
<tr><td>4</td><td>新场景 – 社区团购</td><td>10~20</td><td>区间值</td><td>区间值</td><td>区间值</td></tr>
</table>

注：对于城市经理而言，容易执行和最具有实战意义的是落实到每一个核心 SKU 的价格制定，毛利综合计算。

3. 产品：划分爆品和新品，落位新老场景

关于产品，城市经理要思考，如何在自己负责的一亩三分地上，结合新老产品线，通过对当地市场的洞察和判断，规划和布局渠道，实现当下及未来销量的最大化。

核心便是围绕两点：第一，现有产品如何精准匹配本地各渠道；第二，上市新品如何布局，如何培养其成为新的爆品，夯实市场。结合新老产品线落位新老渠道，如表 1–6 所示。

表 1–6　结合新老产品线落位新老渠道

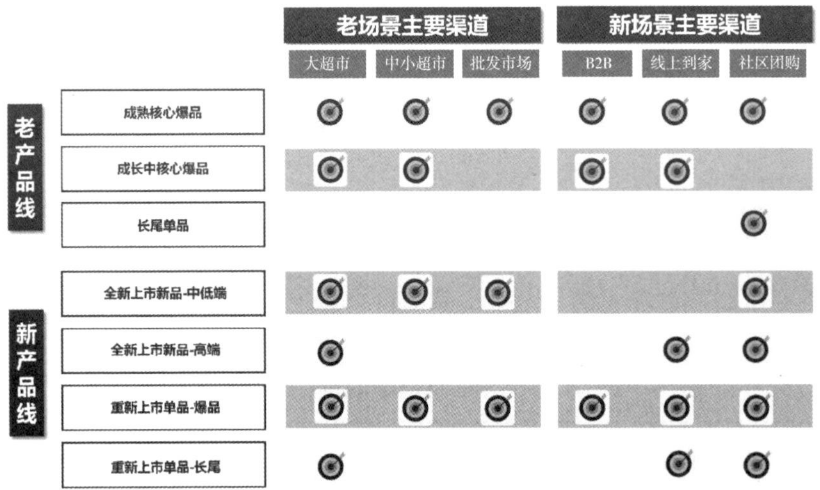

		老场景主要渠道			新场景主要渠道		
		大超市	中小超市	批发市场	B2B	线上到家	社区团购
老产品线	成熟核心爆品	◎	◎	◎	◎	◎	◎
	成长中核心爆品	◎	◎		◎	◎	
	长尾单品						◎
新产品线	全新上市新品-中低端	◎	◎	◎			◎
	全新上市新品-高端	◎				◎	◎
	重新上市单品-爆品	◎	◎	◎	◎	◎	◎
	重新上市单品-长尾	◎				◎	◎

城市经理首先要做的是，对各产品线做个定位，比如成熟核心爆品、成长中核心爆品、长尾单品、全新上市新品，以及重新上市单品等，有了清晰的定位再匹配相应的渠道。

老场景—大超市：全年龄段消费者，既是销量阵地，也是品牌传播阵地，全线导入。

老场景—中小超市：货架面积有限，客流有限，消费有限，爆品重仓，销量最大化。

老场景—批发市场：只卖爆品，新老爆品导入，重新上市的中低端新品，尝试导入。

新场景—线上 B2B：爆品逻辑，链路透明，数据精准，适合成长中核心爆品做培养。

新场景—线上到家：中坚消费力量，价格敏感度不高，适合推新卖高，新产品主推。

新场景—社区团购：爆品逻辑，适当与中小超市、批发市场和 B2B 渠道区隔，尝试新品。

4. 促销：不是越多越好，而是越精准越好

城市经理作为一线市场的指挥官，面对多渠道时，一定要清楚促销背后销售的载体是谁，载体背后的生意逻辑是什么。只有知道不同场景下的生意模型，城市经理才能有的放矢，选择相应的促销形式，达成对应的目标。

老场景生意基本模型：客流 × 频次 × 客单 = 销售额

新场景生意基本模型：客流 × 转化率 × 客单 =GMV

促销形式无非就那些，玩法相对有限。但放在什么位置做促销，在什么时间节点做促销，针对什么群体做什么促销。同一种促销形式，其目的可能千差万别。

针对老场景的生意模型，在线下，比如当消费者进入卖场，大概率是有目的性购买。当一位消费者进入日化区、饮料区，如何做好店内的引流，变成自己的有效客流，而不是选择竞品是关键。

针对新场景的生意模型，在线上，消费者每天都可以被触达，每天都可以“进店”，但不一定是买你的商品，也可以买其他商品。此时，我们的核心动作是转化和客单价。

“**品牌是基础，分销是关键，决胜在终端。**”在全域分销时代下，城市经理除了做好渠道、价格、促销、产品外，还要有一点品牌思维。虽然做销售的不能左右品牌，但我们必须有品牌的视野和格局。做一个长期主义者，在日常工作中适当关注品牌建设，哪怕一张跳跳卡，都可以提升品牌建设。建设市场是一个逐步累积的过程，聚沙成塔。

三、躬身入局，空杯心态

面对全域分销，一线城市经理应该具备的态度是：**认知体系—策略体系—能力体系。**

建立认知体系，必须躬身入局。新场景、新零售，都是全新的东西，比如 ERTM 渠道，深入接触后才发现里面的信息是复杂的、海量的、多维的，里面的打法自成体系。如果没有细致入局，仅仅停留在表面认知，我们将很难制定行之有效的体系和策略。

每个渠道的销售代表、销售主管、销售经理，要深入每一个渠道的末端，从新场景到老场景——打磨和深度思考，满怀空杯心态，充分学习新场景的底层逻辑和实操方法。

一旦城市经理的认知体系停留在老场景上徘徊不前，就很难在新全域分销的市场环境下存活，未来也必将在与竞争品牌的激烈对峙中节节败退，直至退出市场。

4P（渠道、产品、价格、促销）实际上是一个完整的策略体系，加上品牌策略升级的助力，虽然不同厂家、不同品类在不同渠道的生意现状和占比不同，但全面分析和思考产品、分销、价格、促销和品牌策略的升级路径是非常有必要的，最终把认知和策略，落实到每日执行上，从而做对事、干成事！

这个体系的核心目标就是全域增长，动销为王！因为无论城市市场环境怎么变化，渠道如何演变，场景如何更迭，如果生意没有持续增长，这个地界的城市经理迟早是会下岗的……

在全域分销时代，一线城市经理务必以身作则，到一线、到每个终端，而不能再像过去一样，渠道固定且单一，在办公室指点江山即可。**现在是一个全新的市场环境，必须亲自入局，如果不懂，城市经理很难再指导你的主管，你的业务代表，以及你的经销商！**只有具备这种正确的态度，主动带领团队一起学习，了解客户、了解渠道、了解消费者，才能真正赢在新零售，赢在新全域！

夜深了，外面下起小雨，老王的述职报告也做完了最后一页幻灯片，删掉了模板上尾页自带的“谢谢观赏”，老王决定用一段感悟来结尾：

人生苦短，职涯有限，珍惜我们来之不易苦苦建立的能力舒适区吧！新零售时代，我们要做的就是扩大能力舒适区，而非逃离！当我们的能力舒适区扩展到足够驾驭新零售和新全域的时候，每一个城市市场的生意必将更加健康，更有增长动力！积极学习，拥抱全新的全域分销，加固并扩展你的能力舒适区，记住八个字——无须逃离，只需扩大！

第二章

全域渠道管控升级（上）：主流核心渠道

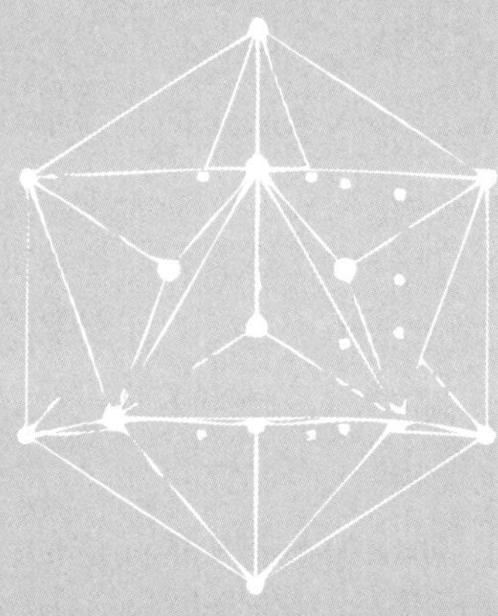

第一节 渠道 1：被新零售切走生意的零售大店如何自救

除了局部地方新冠肺炎疫情反复，全国绝大部分地区已经进入新冠肺炎疫情末期，眼看着各大零售超市人流逐步回归，然而老王却高兴不起来——这场疫情不仅改变了消费者的消费习惯，还改变了行业业态，一部分线下大店丢失的销量再也回不来了……

错！其实大店的生意依然重要！电商的确分走了很多销量，但是大部分生意依然掌握在一线销售手中，只是我们做销量的方式要升级和改变！

在快消流通渠道的划分里，除了 3000 ㎡以上的国际国内 KA 连锁卖场，以及 300 ㎡以下的社区超市和便利小店，剩下的便是 300~3000 ㎡以个体经营为主的单体及小连锁超市（以下简称大店）。

这些大店分布在各个城市市场的角角落落，是各地经销商的主流网点，更是每一位城市经理的销量主阵地。

这些门店要么紧邻城市社区，要么分布在乡镇的主购物街区。近年来，随着零售业态的快速变化，往日生意红红火火的大店正面临着前所未有的严峻挑战。

多年以来，这些单体（或小连锁）大店一直持续支撑着每一个城市市场的销量，以往年年难过年年过，而现在好像日子更难了！主动梳理和预判大店的发展演变趋势，并采取对应的策略措施，是当下每一位前线城市经理刻不容缓的任务。

本章围绕着“大店生意”进行重点探讨。期望为不同快消品牌的一线城市操盘手，提供一些启发和思考——如何在新零售逐步改变一切的行业趋势下“救活”大店！

一、客流下降，生鲜占比加大，快消标品遭受挤压，挑战加剧

据不完全统计，受新冠肺炎疫情的影响，整体大店生意，其客流下降了10%~15%。虽然过去几年大店的客流也一直在下滑，但往往是温水煮青蛙，慢慢就习惯了，少一点就少一点……但是由于新冠肺炎疫情的催化，2020年的到店客流降幅真的是伤及根基了。

随着直播带货、社区团购、O2O到家电商等新业态的崛起，越来越多的年轻人不习惯逛超市。尤其是近两年，美团和饿了么的发展，区域性的叮咚买菜、每日优鲜、朴朴超市的出现，线下的超市不再是年轻消费群体的必要渠道，年轻消费者“宅经济”进一步影响了线下大店的到店客流。

全国连锁性KA卖场受益于商业综合体的“一站式购物体验”，不仅能够满足消费者购买日常消费品的需求，还能为其提供餐饮休闲娱乐等附加需求。同时，便利店和社区小店随时随地满足消费者的冲动消费和即时需求。

这两类渠道在后疫情期逐渐恢复，甚至有些客户已经恢复到过往的平均水平。**而经销商覆盖的单体大店和小连锁大店却远不如预期，这类门店是疫情后期复苏最缓慢的业态之一！他们被前后夹击，腹背受敌，人流锐减，苦不堪言。**

大店不能等死，大店必须自救！形势已经迫使大店的老板们转变生意打法，重新布局门店品类策略。其中，最典型的是对生鲜区的持续加码，提高生鲜品类占比已经是大店的普遍打法，甚至直接转变为社区生鲜超市。

这对快消品的一线城市经理而言，直接面临的冲击显而易见——标品的陈列资源越来越少，同时对标品的坪效要求越来越高。

一级陈列和二级陈列都在缩小，常规的快消标品销量下滑是必然的。不仅仅是货架资源的减少，大店老板作为生意个体，基于对未来不确定性的不可预知和深度焦虑，向厂家和经销商加大后台费用和索要各

种“苛捐杂税”自然是情理之中的手段和方法。

一线城市经理们的挑战来了！大店整体生意急速下滑，货架资源持续缩小，后台费用不断增加……尤其是对快消品类中的低频类目，比如日化、百货、调味品等，这些品类大店渠道一般都贡献了整体生意的30%左右。如何稳住大店生意，最起码保持持平，是每一位城市经理都要直面的课题。

二、认清事实，直面变化，洞察本地市场

在外部，客观环境的确部分影响了单体大店和小连锁大店的业绩增长。在内部，一线城市经理也看到了大店销量的持续下降，然而很多时候他们错误地认为这只是受新冠肺炎疫情的短暂影响，疫情过去就是回暖的时候，并没有站在更高的维度去观察大店渠道的根本性变化，更有甚者视而不见。

是时候认清大店的现状和趋势了，必须承认和接受新零售给大店渠道带来的巨大变化。不要再盲目和固执地“坚持”用老办法做大店渠道，每一位城市经理必须树立正确的大局观，带领大店渠道走出泥沼，涅槃重生。

有了正确的大局观，下一步便是洞察本地市场。新零售的崛起，不是全国都一个样。大城市是井喷，中城市是发展，小城市是起步。每位城市经理必须站在本地市场看新零售的变化，而不是因为新零售来了，不管三七二十一，一股脑地跟着做、全部上，这样容易矫枉过正。

除了城市等级和新零售发展步伐不一，部分区域也有所差异，比如湖南长沙的社区团购发展最成熟，福建的前置仓 B2 是先锋等。区域发展特性不一样，这些零售新业态的出现，事实上对本地的大店生意冲击最直接，相应的每一位城市经理的应对策略也应该因地制宜。

洞察清楚本地市场后，下一步城市经理便要躬身入局。过去因为熟悉市场、熟悉打法，做策略的宣导者和传达者就可以了，现在必须实实在在地做事，主动身临一线做新零售，必须知道新零售的每一个重要节点和执行细节。新零售不仅对一线团队是一张白纸，对城市经理也是一

张白纸。

对单体和小连锁大店老板来说，面临危机之时，他们期望有专业的厂家经理给他们领路，告诉他们如何做新零售，如何升级生意模式，如何对接新零售平台，从而实现高效合作。

因此，一线城市经理必须主动带领大店进行升级和对接。不能坐视大店老板自生自灭，帮大店就是帮自己，越早帮扶越早抢占先机，越早对接越能得到更多的客户资源。

零售大店的危机，也是城市经理的危机。树立正确的大局观，洞察本地市场，细致入微，带领大店渠道主动出击才是当务之急。

三、做零售大店的“引路人”，线上线下融合

面对内外挑战，城市经理该怎么办？笔者试着从三个角度——场、货、人，帮助城市经理梳理一下思路，转变是第一步，具体的策略则是根据每个品类的不同做相应的调整。一线城市经理：大店实操策略指引框架，如表 2-1 所示。

1. 场：打通线上，线上线下活动共振

随着零售大店的线下人流越来越少，坪效要求越来越高，门店对头部厂家优质的线下促销活动的需求也越来越大。

以往的促销，可能就是定期规律性的常规活动，店促、海报、堆头等，整体生意不错，所以活动只是例行公事，不太追求转化效果。

现在不一样了，做一次就要成一次。厂商周、内购会，只有做“大动作”，生意才能有保障，才能真正激活。要么不做，要做就做大、做爆。不像以前，常规促销，销量大小看运气。

这是针对零售大店在线下老场景下的策略思路。对于线上，城市经理要成为“引路人”，带领门店升级。当前有不少零售门店自建了微信小程序，但相对不专业。

比较好的方法是帮助这些零售门店接通美团、饿了么、京东到家等平台，一方面是快速学习到家业务；另一方面是这些平台自带流量，也是销售增量的新引流。

表 2-1　一线城市经理：大店实操策略指引框架

实操方向	实操策略	关键动作
人	角色转变	客观认知本地新零售业态，转变心态，积极尝试 定位成为“大店渠道新老场景的运作专家”
	团队梳理	一线大店团队是否能匹配本地的新零售业态，全盘梳理，重新构建一线业务梯队，学新零售、懂新零售、做新零售
	客户赋能共创	城市经理、零售商、经销商，相互协作，生意共创
货	精准分销	追求坪效，货架梳理，匹配目标大店成功图像
	爆品思维	线上线下畅销单品集群，对外同品，对内竞品
	价格落地	价格严管控，促销资源全落地，打好货架竞品战
场	线下老场景	不求全，但求爆，大动作，有大销量
	线上新场景	先社群，再到家，后直播。平台和自建，两手抓
	线上线下共振	单线上或线下，不可取。线上做传播，线下做销量是关键

有些零售大店不知“天高地厚”，花几千元买个小程序工具，以为就能包治 O2O 百病，殊不知，有工具只是基础，运营才是关键！城市经理要主动引导零售门店接入平台。

除此之外，城市经理还要帮助本地大店建立自有的私域流量社群。通过门店店员和促销员不断地将周边的消费者引入社群。有了一定基础的社群流量后，再考虑延伸到家业务和线上直播活动。

这是针对零售大店在线上新场景的策略思路。这还不够，无论是社群运营、到家业务还是直播活动，如果只在线上，流量始终有限，很难有很大的销量产出。因此，线上线下结合共振才是关键。

从过去的实操反馈来看，对一个本地大店，单纯做线上直播，很有可能累死累活没什么效果，但这不能说明线上直播就没有价值。在笔者看来，线上的直播、社群和到家业务，必须与线下联动。

线上做传播，氛围造势；线下做销量收割。线上线下联动的背后是引流到转化再到成交的一整套闭环。线上宣传越红火，线下销量越大。通过社群运营、促销秒杀、直播低价等活动，提高声量，继而带动线下的“厂商周、内购会”活动的销量增长。

如果只是线下内购会活动，转化的也是自然客流，消费群体闭门不出，促销信息无法及时掌握，销量不会太高；如果只是线上活动，靠价格促销资源，虽然有转化，但消耗严重，资源也有限。只有线上线下同主题共振，才能真正实现打通，线上线下流量引爆，并最终转化为实际的销售。

2. 货：爆品集群，对内比竞品，对外比同品

过去单一的老场景，往往追求的是分销要宽，全品项陈列。**但随着货架资源越来越有限，商品的分销要讲究精品集群、爆品集群，尤其是线上新场景的出现，分销的商品结构要做调整。**

过去，“新奇特”产品在线下很难卖，没有太多的资源，历史销量很低。但现在到家业务的背后，很多是年轻消费群体、新兴用户，他们愿意尝试新奇特商品。所以，过往在线下卖得不好的商品，现在线上可以重点考虑。

过去我们一直在强调爆品思维，现在更是如此。大店除要和沃尔玛、大润发这类全国 KC 竞争，还要和本地的 RKC 竞争，还有社区团购、新零售、零售通、新通路等平台。在线上一个坑位就一个单品，放到无限大，可以帮助消费者节省选择的时间，依旧是爆品思维。

这里的爆品思维不是总部让卖什么就卖什么，而是结合本地零售市场。观测新零售平台卖什么，全国 KA 卖场卖什么，以他们为标杆，这是对外比同品的逻辑。

另外，在大店内随着陈列资源的不断缩小，零和博弈下比的是谁更有效率，要去抢更多的竞品陈列资源、竞品的市场份额，而不是一天到晚地内耗，天天投诉沃尔玛今天价格又低了，新零售 O2O 平台又在做促销……与其投诉抱怨这些无法改变的市场客观现状，不如在现有的渠道内打好竞品蚕食战。

这里的关键便是“价格落地”，对标竞品。以往很多经销商经常节流促销资源，明明是十五个点，但落地时只投十个点。过去是可以，也能理解。但现在不行，新零售环境下，价格已经非常透明了，再不把资源投入市场，最终只会将份额拱手让给对手。

3. 人：角色转变，主动出击，成为全域零售专家

这里的“人”不是消费者，而是城市经理及团队自身。转变角色，客观看待大店的渠道升级，从转变管理者思想与心态开始，改变以往办公室远程指挥的方式，积极尝试投入新老零售的学习中。

对城市经理而言，以往是既有能力的沿革，靠经验取胜，即使在办公室喝茶，市场也差不到哪里去；但现在不行，必须主动走出去，首先让自己成为新老零售的运作专家。

在与客户的协作中，城市经理要结合市场发展趋势，与经销商、零售商相互协作，相互赋能，生意共创。过去的大店生意，相对追求服务和客情，也是经销商最依赖的生意，但现在正面临危机和挑战。

作为经销商的最后一块自留地，城市经理必须与经销商共进退，把本地单体（和小连锁）大店做好、做扎实、做长久。

新冠肺炎疫情快速催熟了到家业务，全面激活了直播带货，切实带动了社团营销。

经过这场疫情，老王彻底想通了，大店渠道已经发生了根本性的变化，老场景要赢，新场景（到家、直播加社区团购）更要赢！

大店渠道的生意不仅要融合线上和线下，更要让到家业务、直播和社团营销一起协同增效！大店渠道不会落伍，只会迭代！

第二节 渠道 2：抢销量！整资源！拓新店！提振中超门店生意

阔别超级漫长的假期，大中小学的全面返校让已经停摆半年多的校园超市重新恢复了生机！

九月份的销量应该不用担心了！

可是老王依然高兴不起来……

一线城市经理作为一个区域市场的指挥官，必须深刻认识每个主流渠道的演变和发展，只有配合当地经销商和零售商牢牢地掌控渠道并发展渠道，才能与时俱进，不仅做好生意，还能端稳饭碗。

上一节主要讲了大超市的全域升级指南，本节将围绕中型超市，也就是大家习惯定义的BC场，来谈谈中超BC场业绩的破局和提振战法。

近年来，全国性重点客户、区域连锁卖场、CVS连锁便利店三类渠道一线品牌商几乎已经实现了直营，或者正在实现直营的路上。对一线城市经理而言，这些渠道更多的是完美执行和向上信息沟通反馈。

对本地经销商来说，最多是赚点配送费。即使有能力的经销商去经营，可能也会脱层皮（缴各种“苛捐杂税”），经销商在与KA卖场的博弈中从来都是弱势群体，吃力不讨好。

夫妻店由于日化百货等品类的周转率相对较低，很难做到长尾品类的深度分销。如果经销商无法做到全品类经销，只是几个日化品牌的经销代理，也很难做到分销覆盖到小店。

对众多一线日化厂商来说，现有的阿里零售通和京东新通路等B2B平台，覆盖小店的效率更高。同样，批发市场也在B2B平台的打压下生意逐渐没落。

剩下的留给经销商的只有大店和中店两大渠道，针对大店的策略布局，之前已经做了详细阐述，在此不再赘述。

关于BC场中店（以下简称中超），相对大店而言，中超门店多且分散，分布在城市的各大社区周边和农贸市场。这些门店由于经营的不确定性和不专业性，使得厂家难以有效地做到高效管控这类渠道，往往都是经销商覆盖。

毫无疑问，这些中超将是经销商未来的最后一块“自留地”……经销商的生意就是城市经理的生意，“一荣俱荣，一损俱损”，城市经理必须帮助经销商做好这块自留地里的生意。

本章围绕中超重点探讨，期望对不同快消品牌的一线城市操盘手提供一些启发和思考，即在新冠肺炎疫情末期，势单力薄的中超该如何维稳，如何保持长久地发展？

一、内忧外患的中超

中超老板的经营专业性要比大店低，无论是选品还是品类经营的意识都比较传统和滞后，典型的如在日化品类上，不少老板为了省事，选择与包场商合作。

这样的"店中店"模式，虽然看上去效率提升了，每年收取几万元到几十万元的包场费旱涝保收，但管理的精细度不够，不少包场商通过杂牌赚取高额毛利，导致品类的购物体验特别差，随之而来的便是门店形象越来越差，中超很难跟上消费者不断提升的消费需求。

不仅有内忧，还有外患！新冠肺炎疫情后期，洗牌加速。

虽然很多中超紧邻消费者，客源大多是家庭主妇、中老年人，新冠肺炎疫情后社区中超的门店人流下降，动销更慢了！很大程度上是因为社区团购的异军突起。相对中超的低质量服务，社区团购的消费体验性更好，一键式购物，信息推送简单明了，价格优势显而易见。

面对这样的生存压力，很多中超尝试升级，扩大生鲜区，对接到家平台，希望把人流从新零售那里抢回来。

然而，对于日化厂家是不利的，无论是对标品的货架排面减少还是提高条码费，转嫁风险，拖延账款……中超老板们的这些惯用操作只会让自身的处境更加恶化！

面对中超的内忧外患，一线城市经理对其可操作的空间也是越来越小。核心表现在三个层面：

第一，为了扩大生鲜区，日化标品货架的 SKU 越来越少，品类的面积也越来越小，过去一家门店二级陈列日化食品可能有 10 ㎡，但现在只有 3~4 ㎡。

过去一线厂家做资源投放往往比较配合，现在由于面积小了，很多促销活动无法执行，执行的难度比以往大了。

第二，**当前的包场商很多是综合品类经销，一线品牌引流拿着大牌**

厂家的爆品即使不赚钱也可以，二三线甚至杂牌、仿牌赚毛利，严重透支了中超 BC 场的信誉度。

一方面中超与经销商的竞争愈演愈烈；另一方面价格无法落地，严重影响了品牌产品的终端形象。

第三，针对中超的投资，由于单产下降，厂家的投资费效比持续提高。以前还会投临促、投放额外二级陈列费用和赠品，现在因为客流很少，动销更慢，各种问题的累加，投资不成正比。

以前 800 元的地推，一天可能产出 2500 元，但现在只能产出 1500 元，你让厂家怎么继续投？

城市经理不得不面对一个问题，是维持常规的促销投入还是减少投入，甚至不投入？没有销量，被竞品抢去了；投了，不成正比，被老板算账……

二、抢销量！整资源！拓新店

面对“哀号一片”的局面，是不是要放弃？肯定不是！

城市经理必须清醒地认识到 BC 场中超渠道的重要性，无论自己带团队干还是联合经销商一起干，必须针对中超渠道重新全面规划，**三个方向值得聚焦：抢销量、整资源、拓新店。**

1. 抢销量

在一片红海竞争中，不是说中超渠道就没有机会，在有限的零和游戏中，必须带着经销商抢其他品牌的销量、抢杂牌的销量，在存量中找到增量。在移动互联网极度渗透的当下，消费者对品牌消费的意识越来越强，对品类中的头部品牌的认知度越来越高。

包场商的日子没有以前好，头部厂商的春天正在到来。此时，城市经理要带领迷茫中的 BC 场老板，减少包场商的生意占比，充分拥抱头部厂家。

城市经理不仅要提供好的商品，还要给他们的管理赋能，升级门店，升级品类，主动带领中超门店做好消费体验，体验才能留住客流，留住客流就是留住生意。

2. 整资源

作为多而广的中超门店，厂家总部往往难以给予足够的关注，**但城市经理在本地要充分关注，整合好厂商的内部资源，以及经销商资源。**

虽然人流在下降，但是总有高峰时期，比如周六、周日，在资源紧缩的时候要懂得取舍，平时不投，周六、周日投。

人员集中攻坚，统筹资源。不要听天由命，逆来顺受。主抓关键销售日，向爆品要销量。这里的整资源核心体现在两个方面：

第一，厂家内部资源。总部可能资源比较平衡，无法考虑每个市场的特性，但城市经理一定要整合资源，不能简单地平均分配，学会寻找优质店和高潜力门店，重点资源重点倾斜。

第二，经销商资源。经销商往往是多品牌的经销代理，通过商品组合、多个品牌资源打包的形式，减少单一品牌的资源投入。

3. 拓新店

密切关注新店，三四线城市仍然在向外扩张，有不少新楼盘、新小区。有小区的地方，一定会有 BC 场中超的开设。

以前是有销量，业务团队往往不太关注这些，现在除了把现有的门店做好，还要关注新店。

一般来说，一个新楼盘有 2~3 家中超和 5~6 家小超，当地业务团队必须第一时间跟进。当然，中超的关店和开店的更迭也比较快。拓新店要纳入业务团队的日常工作。

三、中超实操策略指引框架

回到“人、货、场”的角度再看看，城市经理该如何布局 BC 场中超？一线城市经理：中超实操策略指引框架，如表 2-2 所示。

1. 人：成为经销商的赋能型顾问

城市经理的 KPI，核心来源于经销商。因此，城市经理要成为赋能型顾问，帮助经销商理清思路，做好下游的分级管理，抓核心头部店。

不断引导经销商，精耕中超门店，而不是天天忙着帮经销商想批发能不能走两批货，从而简单地完成销量指标，或者是给大卖场“搬砖”，一年到头 KA 不明账款一扣，也挣不到钱。

表 2-2　一线城市经理：中超实操策略指引框架

实操方向	实操策略	关键动作
人	角色转变	赋能型顾问，帮助经销商做好分级管理，抓头部店
	团队管理	灵活的奖励设置，鼓励团队多开发新店
货	谨慎推新	谨慎推新，维护爆品，滞销品尽快处理
	风险管控	注意风险控制，建立应收账款应对方案
场	日销	淡日销售，二级陈列是王道，提高静销率
	周末	周末是关键销售日，各类 POSM 执行，营造销售氛围
	新零售	尝试触网，引导门店线上卖货，从微信朋友圈、小区社群开始

如果经销商挣不到钱，城市经理就不可能在经销商面前有话语权，不可能真正成为顾问。

针对 BC 场中超的业务团队，设置灵活奖励机制，鼓励开发更多新店。**如果是厂商内部主导的中店，激励内部；如果是经销商主导的中店，引导经销商调整 KPI 考核，增强新店开发的激励。**

2. 货：谨慎推新，注意风险和管控

连锁 KA 卖场和大店是推新的重点，中超中店尽量谨慎推新，同时尽快处理滞销品，千万不要最后变成“黄黑”库存。新冠肺炎疫情后，针对消杀类、健康除菌类产品可以做分销尝试，这是疫情后在中店出现的品类机会。

核心是风险的控制。中超 BC 场是个体经营，投资比较少，一旦生意不好，老板关停闭店时常发生。

城市经理要帮助经销商做好“应收账款的风险预警长效机制”，以及账龄分析、应对方案，以周为单位紧盯客户。

3. 场：日销、周末和新零售，各有侧重

淡日销售，二级陈列露出是王道，锁定地推，提高一级陈列、二级陈列静销率；关键销售日，也就是周末，整合经销商的资源，建立综合

促销员冲锋队，“集中兵力打歼灭战”。

在店内物料的执行方面，中超中店不像大店卖场有条条框框，只要和老板讲清楚获得许可，便可以执行更多物料，最大化地营造销售氛围。

此时，最关键的是业务团队前期的准备，准备得越充分，露出越多，效果越好。

在新零售方面，笔者的建议是触网尝试，不要太复杂，更不要说帮中店老板搞一个小程序，没有太大的实际意义。

先从微信朋友圈、小区社群开始，逐渐帮中超门店老板培养线上卖货的意识，随后可考虑增加如京东到家等 O2O 新零售平台的接入。

这里建议不要一下过多接入，接入一个养活一个，中超门店老板和店员对新零售的理解非常有限，学习能力也一般，不能太复杂，搞清楚一两个就很不错了。

中超 BC 场，对一线城市经理、经销商而言，都是一块难啃的骨头，但是不得不啃。因为这也许真的是经销商最后一块生意自留地，**不要小看中超渠道，这是最能体现城市经理和经销商覆盖能力和服务水平的渠道！**

因为难才更应该做！因为这也是未来大部分经销商能够长久拥有的核心渠道，现在不做，可能最后一块自留地也会变成“伤心地”。

想到这里，老王决定取消原定的会议计划，下午拉上经销商老板一起去 BC 场看看市场。

多年的一线销售管理经验告诉他，一个渠道越是最难的时候，越是需要高频率、高质量的一线拜访！只有在战壕里才能看到硝烟！

现场观察、现场访谈、现场办公、现场纠错、现场决策，没有一直有问题的渠道，只有不思进取的厂家销售队伍和经销商团队。

最近比较流行乘风破浪，老王和他的团队却要和中超 BC 场一起逆风飞扬……

第三节　渠道3：日化低频商品约600万家小店的分销动销方法论

顶着烈日走了一天，和团队协同拜访了几十家小店终端后，傍晚回到办事处，老王带着随行的小李和老张一起复盘白天的看店心得。

老张一脸愁容："领导，我们的洗发水在小店分销5个单品实在太多了，上个月铺进城北红星小区的2件货到现在才卖了3瓶……"

"王哥，洗衣液价格倒挂已经2周多了，最近好几个小店的店主逼着我退货，说我卖高价！"小李边抱怨边看着老王等待指示。

"大家停止抱怨，今天几十家小店走下来，我们必须改变分销动销的策略！"老王的态度十分坚决。

小店，在国内市场是一个海量的存在。据不完全统计，在全国2000多个城市和县域市场里，高度碎片化地散布着约600万家小店。

这些小店对饮料和休闲食品等高频商品而言，是销售的主通路，竞争异常激烈。但对日化、纸品、百货等低频长尾品类，周转慢、动销慢，往往并不能引起一线城市经理的太多关注。

过去日化厂商从经营效率角度，长期以来对小店渠道的关注度是不够的，一直没有做好，虽然单个门店的销量不高，但从快消品行业全盘来看基础规模很大，因此这个市场对日化等低频商品厂商而言是一个巨大的增量机会。

这里从日化等低频品类的视角，围绕小店渠道，谈谈市场操作打法，期望对不同快消品牌的一线城市经理提供一些启发和思考。**面对又多又散又广的小店，该如何应对挖掘增量？**

一、小店趋势：便利化，平台化，社区化

在谈细节操作打法前，我们需要先抬头看看趋势，只有清楚小店渠道整体的发展趋势，才可能有的放矢，提前布局，抢占市场。

显而易见，**当前的小店渠道正走在“正规化”和“数字化”的道路上，要么被便利店品牌收编，要么对接京东新通路和阿里零售通，要么积极向社区小超转型。**

第一点，便利化必将是小店未来的重要出路之一。全国约 30 万家便利店在各层级城市市场离散分布，一线城市的便利化进程正在快速推进中，二三线城市相对缓慢，四五线城市处于萌芽状态。

排名前三的中石化易捷、美宜佳、昆仑好客门店均已超过 2 万家。当然，中石化易捷和昆仑好客虽说是小店，但在快消厂家的渠道规划中，一般隶属于特通渠道。

小店渠道无论是被平台或连锁零售企业收编，还是依靠店主自身发展，便利化和社区化趋势已经无法被阻挡。专业化经营管理和总部集约统采统配更加符合社会化分工和消费者对小店业态的需求趋势。

第二点，平台化。以阿里零售通、京东新通路为代表的全国性 B2B 平台，从 2015 年后以商品供应的形式介入单体小店。小店拥抱新零售，平台化的趋势非常明显。

从最新了解的情况来看，这两大平台对外称覆盖了全国约 200 万家小店，月活不到 100 万家，未来覆盖 200 万 ~250 万家也许是这两大平台的极限值。

小店平台化后，显然订单和支付的数字化对品牌商而言意义非凡，因为小店的打法可以和过往完全不一样。

城市经理要明白，虽然已经是平台化的门店，逐步有了自主下单的意识，但全国约 200 万家小店也是超级复杂、超级离散，如果没有平台大促，小店店主依旧不会主动下单，加之小店店主对于新零售的理解度和接受度的瓶颈也会导致在短时间内很难形成真正自动自发的整齐划一。

第三点，社区化。全国约 600 万家小店，除去约 30 万家便利店和

约200万家平台化小店，依然有300万家以上的小店分散在各级市场的“毛细血管”，这些门店也是城市经理责无旁贷的目标网点。这部分小店要求的服务难度更大、管理颗粒度更细、产品分销选择更精准。

针对便利化、平台化、社区化三大趋势，面对小店这个最广大的渠道，即使对于饮料、休闲食品、啤酒等高频品类而言也是一块最难啃的骨头，难以完全掌控，覆盖难度大，维护成本高，更别说相对低频的日化品类了。一线城市经理该如何应对？

二、痛点突出，先界定问题，后找解决思路

在小店的三大趋势背景下，一线城市经理面临着不同的痛点。总结下来有三点：

第一，便利化小店，虽然是城市经理期望的，因为可以统一谈判实现强介入强掌控，但这给城市经理带来了另一个挑战——是否具备专业化的谈判能力。

品牌竞争加剧，谈判门槛变高，门店系统营销费用同样水涨船高，这是考验城市经理能力的试金石。

虽然便利化、系统化经营管理，但严格意义上很多小店加盟的并不是完全的便利化，有的是强管控，有的则是轻加盟。便利系统总部落地到各门店，把控能力是参差不齐的，从而导致单店的营销执行落地很难进行有效追踪。

第二，这个痛点由来已久，如今似有加剧之势。**小店异常分散、星罗棋布，渗透在每个城市的“毛细血管”**。特别是日化低频商品，经销商物流成本高企，销量低，动销慢，又没办法实现良性压货。

以前小店的进货渠道要么是批发市场，要么是经销商，但现在是复合渠道，小店可以在六七个渠道订货，到处比价，导致在小店的商品价格管理上很难掌控。价格越竞越乱，久而久之便会形成恶性循环，价盘持续降低，价格越来越透明。

第三，社区化小店，包场形式居多。一线品牌包场只谈一级货架，二三线品牌包场砸人砸堆。随着社区化的趋势演变，门店的生鲜区扩

大，费用逐年提升。由于动销周转相对其他品类慢，账期也越拉越长。

以上便是一线城市经理在小店渠道面临的三个关键痛点问题。界定完问题，针对问题看看一线城市经理具体该如何应对以逐个攻破？

三、不同战场，一一对应，逐个攻破

依旧从“人、货、场”的维度，落实到三个方面的趋势，谈谈一线城市经理的应对之策。

1. 便利化的门店：精选业务，差异选品，抓重要档期

一线城市经理：便利化的门店实操策略指引框架，如表 2 — 3 所示。

表 2-3　一线城市经理：便利化的门店实操策略指引框架

实操方向	实操关键动作
人	精选业务，最专业的一线业务，搞定谈判 固定拜访，数据化分析生意潜力 可尝试流动理货员对单店陈列维护
货	根据不同系统，差异化选品，例如美宜佳和芙蓉兴盛，消费定位不同 精选分销：黄金 SKU、黄金陈列面 精准推新
场	抓重要营销档期，全系统共创，更多尝试数字化活动机制 及时跟进客户到家平台 关注和参与客户 POS 机活动，精准营销

在“人”的方面，精选业务是指用最专业的一线业务搞定总部谈判。对于门店则要通过数据分析生意潜力，设定日常固定拜访路线，尝试通过流动理货员的形式，对单店进行陈列和维护。

对于连锁便利店的总部沟通，当地城市经理应该选择谈判能力强、逻辑数据分析强的销售代表，而不是过去搞批发、善压货的粗犷型销售代表。

在“货”的方面，城市经理要清楚根据不同系统门店，进行差异化的选品布局。

比如美宜佳和芙蓉兴盛的消费定位是不一样的。美宜佳更多的是定

位于城市务工的“打工仔”，可以卖更多新奇特产品和男士用品，因为在美宜佳购物的男性群体占比在60%以上；而芙蓉兴盛，更多的是定位于社区居民，年龄跨度大，对此最恰当的方式是做大爆品，做大定位大众的爆品。

在“场”的方面，抓重要营销档期，全系统共创，更多尝试数字化活动机制。

比如电子折扣券、购买立减等活动，要及时跟进便利店延伸出的到家平台业务。从当前来看，部分连锁便利店还处于试水阶段，厂家值得推动，以帮助便利店尝试到家业务，从而赢得先机。

最后还要关注和参与门店的POS机活动实现精准营销，从而充分发挥便利店系统化和集约化的优势。

2. 平台化的门店：借船出海，分级管理，关注头部

一线城市经理：平台化的门店实操策略指引框架，如表2–4所示。

表2–4　一线城市经理：平台化的门店实操策略指引框架

实操方向	实操关键动作
人	单一品牌经销商人员已经很难全面覆盖GK店，借船出海，利用更高效的B2B平台和更广泛的拍档/客户经理，才能快速扩张动销网点 引导经销商跨周边品类经销，成为品类经销商，实现小店的深度分销
货	头部门店：不断丰富分销宽度，以货锁排面，打造更多爆品 腰部门店：爆品价格开路，推动门店动销 尾部门店：最核心爆品，打新店，打月活
场	厂家业务更多关注头部门店执行： 货架占比 促销动销 助销工具

一线城市经理作为厂家在当地的销售长官，长期以来做小店的一大痛点是日化低频单一，品牌很难低成本和高效率地实现渠道深度覆盖。

如何利用高效的B2B体系和平台庞大拍档、客户经理团队紧密对接，借船出海实现快速分销覆盖尤为重要。

值得注意的是，除了利用B2B平台，还要充分调动区域的经销商。过去的经销商往往是几个品牌的经销商，城市经理要引导经销商跨周边品类经销。

比如除了代理日化头部品牌，可以建议经销商增加纸品、消杀、百货等延伸类目产品，成为品类经销商。通过品类结构的组合，围绕小店的深度分销构建针对性的产品矩阵。

“货”的方面，对小店要进行分级管理。头部门店不断丰富分销的宽度，以货锁排面。一个标准的100~150 ㎡小店，日化产品的销售额一个月在3000~5000元，其中洗发水可能占到500元、牙膏占到800元……

总之，一家小店每个月的日化总量就那么多，如何在这间小店赢得有限的“零和游戏”是每一位城市经理需要考虑的事情。

用爆品抢占每一寸有限货架，让竞品无处陈列和售卖。同时，针对腰部门店，建议爆品价格开路，推动门店动销和翻单，逐步打造爆品战斗群。对于尾部门店，只能精研单一爆品，打新店，打月活，不求宽度，只求集中火力聚焦订单。

资源总是有限的，厂家业务人员要将更多的时间放在头部门店上，围绕货架占比、促销动销、助销工具提高单产。针对小店，不一定强调分销的广度，但一定要关注分销的深度，也就是质量。质量比数量更重要。

3. 社区化的小店：社区周边小店屯兵爆破，乡镇小店狠抓关键销售日

一线城市经理：社区化的门店实操策略指引框架，如表2-5所示。

表2-5 一线城市经理：社区化的门店实操策略指引框架

实操方向	实操关键动作
人	优化GK店人员，转移到SS店，提升拜访频率 提升业务员精细化动作技巧 周末促销冲锋队投放 早晚市路演人员投放
货	单店更准确的消费者定位，例如乡镇SS店和高端社区店，分销差异化 密切关注活动档期的价格落地 提升促销占比，抢占份额
场	利用周末路演和早市路演，抓关键销售日和关键销售时间 尽可能锁定二级陈列 不放弃一切曝光，例如割箱陈列

高产的社区化小店主要分为两类：第一类是遍布城市“城中村”中的社区小店；第二类是乡镇社区店，当地人流聚集地。优化销售人员配置，将服务小店渠道的业务人员聚焦在头部高产社区化小店，此举效率较高。

在“货”的方面，根据这两个典型的社区化门店，差异化分销，提升促销占比，抢占市场份额。

同样，对社区化门店可以采用分级管理，对销量好的门店，社区小超周末人多，抓住关键销售时间，尽可能锁定二级陈列，不放弃一切曝光的机会，积极抢占小店有限的陈列资源，紧抓关键销售日和关键销售时间，最小人力、物力投入的乡镇路演值得尝试。

总而言之，一线城市经理要帮助经销商精选渠道，找准社区化小店和便利店，尽量抓头部连锁，优化人员，精准突破。

要高度重视小店平台化的高效率管理机会，过去每一位销售代表只能管 60~100 家门店，现在对接主流 B2B 平台就能管几百家、上千家门店。因此，京东新通路和阿里零售通要充分对接，精准宣贯，要并联更要串联，还要借力借势做深做广小店渠道。

当然，全国约 600 万家小店中，大量的长尾小店其实并没有实现便利化、平台化和社区化，这些海量小店终端相信未来会长期继续分散着、存在着、游离着。

一方面可能出现更新一代的数字化覆盖平台；另一方面需要批发市场继续发光发热。后面会和广大一线城市经理聊批发渠道的过去、今天和未来，一起探讨新零售、新全域时代下的批发渠道管理战法。

“今天小店的复盘会议到此结束，大家紧抓三个头部，明白了吗？”

“明白！就是便利化的头部、平台化的头部和社区化的头部！”

会议结束已经是晚上 10 点了，老王决定继续拜访附近的小店，因为越晚越是 B2B 平台销售成交的高峰时段，老王要深入小店的夜场营销场景，他的目标是把本市 B2B 的动销店销量翻番……

深入一线才能看到硝烟，只有在战壕里才能参透前线的挑战和机会，今晚对老王而言必将收获满满……

第四节　渠道4：重视CVS便利店，永不消失的线下渠道

入秋后的晚上夜凉如水，即将凌晨的街道空空荡荡，没什么人。不管多晚，老王知道总有一盏灯为他留着……

刚刚加班做完令人头疼的社区团购应对方案，满身疲惫的老王一头扎进了他每天必来的这家便利店，吃着热便当喝着黑咖啡，这家24小时便利店总是能让老王满血复活！街角便利店的那盏灯、那扇门总会为快消“打工人”开着……

CVS便利店，一直以来都是渠道管理中相对热门的话题，但很多一线日化快消城市经理会认为，CVS便利店是鸡肋，销量不大却费用不低。

如果站在更高维度看，CVS**便利店，不仅仅是一个卖货的场所，也是非常重要的品牌宣传阵地，**CVS**便利店的背后是一代又一代的城市年轻消费群体，是未来主流消费人群的核心渠道之一**。因此，这样的渠道必须被牢牢抓住。

当然，这里谈的CVS便利店，是真正意义上的连锁制现代便利店，而不是挂着便利店招牌的小店和烟杂店，也不是分布在各地加油站网络的便利店，比如易捷、昆仑好客，笔者认为这两家归属特通渠道更加准确。

对于城市经理而言，在一线销售工作中面对最多的是两个类型的便利店，即本地连锁便利店和专业全国连锁便利店。

本地连锁便利店比较普遍，一二三线城市或多或少都有，但主要集中在一二线城市，比如上海的好德、厦门的见福、西安的每一天、成都的红旗、福州的万嘉、武汉的today等。专业全国连锁便利店主要在

“北上广深”，比如全家、罗森、7-11 等。这两类的区别就在于即食食品（鲜食）的占比，本地连锁便利店更多聚焦香烟、休闲食品，还有一些日化杂货，鲜食占比往往低于 20%。而全国性专业连锁便利店以 7-11 和全家为代表，鲜食占比 30%~50%，往往售卖早餐、咖啡、关东煮及盒饭等。

关于 CVS 便利店的日化类目，不管是本地连锁型还是专业型全国便利店，通常日用洗化品类的占比基本能稳定在 5%~10%，常规对应的就是两三节货架，小一点的门店一般有一两节货架。

如果从销售额角度看，按照核心城市单间便利店月均销售额在 15 万元左右，一二线城市月均在 10 万元左右，众多的日化厂家在 CVS 便利店渠道，争夺的就是 10000 元左右有限的销售额，如何瓜分、如何抢占更多的份额就是在数十万家便利店终端每日上演的“万元争夺战”。

为了两三组货架，各厂家贴身肉搏，方寸之间血雨腥风。当然，如果再进一步细分，牙膏、牙刷、纸品、洗发水、洗衣液、肥皂及剃须刀等子品类，对某一细分品类厂家来说，是每一厘米排面的抢夺。

这里从常规日化品类的视角，谈谈 CVS 便利店的演变趋势，一线城市经理管理这个渠道的痛点和思考，以及在 10000 元的销售额内，两三组有限货架下相应的打法和策略，期望对一线城市经理能提供一些启发和思考。

一、CVS 趋势：覆盖下沉，品类升级，数字运营

坦率地说，虽然 CVS 便利店发展了很多年，已经被视为传统主流渠道，但如今发展依然看好。即使是在今天，互联网加码的各类新零售电商，离消费者越来越近，但便利店仍存在着两大“15”无可比拟的优势。

什么是两大“15”？

第一个，离消费者更近，这里的“近”是指物理距离的近。

消费者完成一个便利店的购买行为，来回花费 15 分钟左右，目前

最快的电商也无法达到这样的响应速度。

第二个，客单价 15 元左右。

便利店的平均客单价在 15 元左右，这是电商成本无法服务的客单价区间，电商的一单运费是 3~4 元。如果是 15 元的客单，根本无法包含 3~4 元的运费。

即使今天的电商想法子玩出花来，CVS 便利店都能有效规避。基于这样的背景，我们再来看看当前的 CVS 便利店整体的演变趋势。

1. 覆盖下沉，增速放缓

这里说的增速放缓，主要是受新冠肺炎疫情的冲击，相比之前的增速有所放缓。同时，一线城市便利店经过近几年的发展也趋于饱和。另外，房租涨，人工涨，经营成本也越来越高，更多的是“守店”。

但不是说没有增长，CVS 便利店在二三线城市的下沉趋势是显而易见的。门店往下走，比如 2020 年 10 月，河南首家 7–11 便利店在郑州开业。未来二三线城市门店下沉将成为扩张主阵地。

顺便提一下，CVS 便利店这门生意由来已久，但迟迟没有得到快速发展，核心原因是它是一门重生意，互联网思维不强，资本也不青睐。

不像平台型电商，有想象空间，短时间内可以驱动几倍涨幅。便利店做的就是 3 公里半径的小圈子生意，只能看单店盈利水平，正因为如此，缺少资本的加持，发展相对缓慢。

2. 南北地域，依然明显

便利店的发展，除了跟整体的经济水平有关联外，与地域也有强关联性。2020 年 5 月，全时便利店发文，北京 160 家门店结束营业。抛开自身的内部经营问题不谈，仔细观察就会发现，整体便利店在北方城市的发展一直不尽如人意。

笔者认为，一个关键原因便是天气。过了 11 月份，一直到来年 4 月，北方基本处于冬季，晚上 10 点以后除了少部分夜市，其他街道基本上没人。即使在家，北方人也不愿意重新裹上厚衣服出门买东西。在北方，真正的便利连锁店很少，而且发展非常缓慢。

南方则是另一番天地，尤其是广东，无论是 CVS 便利店的覆盖还是密度，抑或是坪效和客单明显高于北方市场。为什么广东东莞是便利店的“鼻祖”，是最大的便利店所在地，关键的因素是天气热、昼短夜长。

便利店在华南也是聚集的地方，除了天气热外，经济发展向好，外来打工人多，生活节奏快，时间宝贵……这些都是24小时便利店生存的土壤！而四五线城市，更多的年轻消费群体是没钱有闲，有的是时间，相对便利店这样的“快生活”元素对小镇青年们不是刚需，最多只是尝鲜。

3. 品类升级，差异结构

CVS便利店为了提高坪效，通常要做两件事：**第一，调整品类结构，核心是提高毛利；第二，满足年轻群体的需求，聚焦爆品，加快周转。**

在品类结构上，一是自有品牌越来越多。因为CVS便利店内的SKU非常少，门店的房租和人工成本日益增长，门店不得不通过自有品牌的经营，继而提高整体毛利。

二是即食品类的发展，相比常规标品毛利高。同时，也能有效地避免生鲜电商、社区团购的渗透，这也是在如上海这样的电商和新零售高度发达的城市市场，便利店生存的立根之本。

在聚焦需求上，年轻消费群体对常规日用快消品更注重爆品，也更符合年轻人小而美的消费诉求。

4. 数字运营，提高黏性

数字化运营是老生常谈的话题。新冠肺炎疫情加速了各行各业对数字化的运用，对技术的运用，便利店也不例外。通过数字化的运营，减少用人成本，提高经营效率，提高用户黏性。

比如电子支付、数字营销、智能推券、会员系统等，通过数字化降本增效，同时增强会员的黏性，提高复购和客单。

以上是当前CVS便利店的发展演变趋势，虽然整体前途光明，但聚焦日化快消品厂商的一线城市经理，面对便利店渠道存在诸多痛点。

二、毛利高，管理难，冲击大

首先是毛利要求高！CVS 便利店普遍 30%~40% 的毛利要求，让市场爆品卖进变难。成本转嫁导致经销商贸易条款压力也逐年增大。

当然，他们也实属无奈，门店的房租在涨，人工在涨，特别是在各项成本不断攀升的一二线城市，毛利必然是核心指标。此时，**一线城市经理很痛苦，真正畅销的，毛利不高；不畅销的，要贴上促销。**

除了毛利要求外，在品类管理上也越来越严苛。管理越正规的便利店，选品的效率越高，汰换周期越短，甚至有些互联网概念的便利店，要求每周选品和每周汰换。

当然，常规的便利店对标品的 SKU 的汰换周期也越来越短，以往可能是半年，现在 3 个月就有略微调整，实行末位淘汰制。

对门店管理的维护，成本也在不断上升。经销商人员拜访的成本，物流配送的成本，还有二级活动的落地执行成本水涨船高。运维和执行的主要原因依然是单产有限和门店分散。

如果是单一品类的快消品厂商，对一个月只产出几百元的 CVS 终端门店，很难做到专门且规律性拜访。所以，只能退而求其次，通过统仓统配、远程监控的形式做辅助式维护。整体策略只能是日常一线放牧式管理加上总部的强配强推。

多渠道的冲击，2020 年表现最明显。受新冠肺炎疫情的影响，社区团购、O2O 到家电商、微信营销等模式和玩家异军突起，增长迅猛。

新渠道为了进一步获取用户和流量，不惜拿着快消标品高额补贴来低价引流，这些短期行为或多或少对便利店管理产生了冲击和影响。

三、便利店，线下生意永不消失的渠道

结合便利店的演变复盘与当前一线城市经理的痛点剖析，笔者梳理了一下 CVS 便利店的“人、货、场”三个维度的规划和布局。一线城市经理：CVS 便利店实操策略指引框架，如表 2-6 所示。

表 2-6　一线城市经理：CVS 便利店实操策略指引框架

实操方向	实操策略	关键动作
人	厂家	专业团队对接，从贸易条款制定到爆品新品选品再到二级活动推进，以及数字化营销的专业人员赋能，对头部客户精准对接
	经销商	全面革新，用传统做小超市和烟杂店的思路不行！总仓对接人，数字化技能提升，新零售的培训和业务接入必须加速。经销商要针对头部门店投放流动促销员，帮助重点门店维护和提升
	城市经理	重视！不要认为是鸡肋，要充分认识到未来便利店渠道的不可替代性，线下生意永不消失的渠道
货	精选爆品	精选爆品，在保证门店基础毛利的基础上，推动价格落地
	推新卖高	针对 CVS 消费者画像，精选高毛利新品，符合年轻白领的人群定位
	关注动销	在物流供应链数字化的背景下，密切关注已分销单品动销
	网红跑品	全域下，通过 CVS 社团等新平台尝试推新品、网红流量品
场	人群分类	门店人群分类：办公楼门店、购物商圈和居民社区门店的分销品项、促销机制和营销打法是不同的，要区别对待，聚焦头部店
	数字营销	通过数字化营销模式，搭载客户会员系统，不断增强会员品牌黏性，通过数字化促销手段推动二级动销
	品牌灯箱	便利店是最特殊的业态——永不熄灭的品牌灯箱，品牌宣传的新阵地
	头部落地	部分头部门店并不小，优质门店保证人员拜访和执行落地，POSM 落地等

1. 专业人，专业销，充分重视

首先是快消厂家，不管对传统本地便利店，还是相对专业现代化的便利店，要有专业的团队对接。从贸易条款的制定到爆品新品选品再到二级活动推进和促销活动的落地，以及最新的数字化营销的赋能，都需要有专业的人精准对接头部客户。

便利店不是食杂店，也不是社区超市，要看点更要顾面。因此，总部集群和门店运维两方面要兼顾。只有总部运维谈判的能力不行，还要有高效的管理能力。在门店广泛分布的现实背景下，远程的产品管理，考验的是基本功。

在经销商合作伙伴方面必须做到四个字——全面革新。过去很多经销商都是用做传统超市和食杂店的思路，现在行不通了。**连锁 CVS 便**

利店，作为相对专业的零售商，对互联网技术的应用非常快，而且是在不断迭代过程中。

因此，对经销商关于新零售的培训和业务接入必须加速，针对部分头部门店，可以适当考虑投放流动促销员，重点门店重点维护和提升。

最后，一线城市经理自身要充分重视，不要再认为是鸡肋渠道。**便利店因为分散且单产低，导致很多城市经理都认为其不重要，甚至认为是对生意的补充。**

这是严重的认知缺失和趋势错判，一线城市经理要意识到不管零售业态如何发展，在未来便利店渠道都是不可替代的，是线下生意永不消失的渠道。

2. 针对消费者画像，推新卖高

在“货”的方面，精选爆品，保证门店基础毛利的基础上，还是要推动价格的落地。爆品是构建渠道基础生意的底盘，保流量保生意。

一线城市经理对 CVS 的消费者画像，比如白领、打工人、年轻人、男性等标签了然于胸，针对门店背后的不同画像，精选高毛利新品，推新品。

推新品是为了活着。新品在便利店更多是推广的一个窗口，不仅仅是卖货的窗口，还是推广的窗口，符合对年轻白领群体的定位。

在物流供应链数字化的背景下，要及时关注已分销单品的动销。**一线品牌相对有资源、有实力进入便利店，但铺货分销只是第一步，核心是要关注第二步的动销。**此时，对产品的静销力，将会提出考验。选品慎重，静销要强。

最后，越来越多的本地 CVS 便利店尝试涉足社区团购等平台，快消品厂商可以考虑借着平台尝试新品，尤其是网红流量品。爆品打基础，网红打毛利。

3. 门店分类，数字营销，重新定位门店价值

针对门店，不管是一线城市还是二线城市，必须依据人群进行门店分类管理。比如办公楼门店、购物商圈门店、居民社区门店、工厂门店等。

一名城市经理在所管辖的区域内的某个 CVS 连锁有 150 家终端门

店，对这 150 家便利店要清楚地知道每个类型门店的数量，相应分销品相、促销机制和营销打法，要区别对待，聚焦头部店。

在门店的实际经营中，既然很难做到规律性的日常拜访，就要积极搭载便利店的会员系统、数字化营销模式，通过数字化促销手段推动二级动销，不断增强会员品牌黏性。

当然，针对区域部分头部门店和优质门店，还要保证人员拜访和执行落地和 POSM 露出。**这里强调一下什么是头部门店，最直接的方法看单店产出，有可能是工厂周边的门店，也有可能是高端居民社区的门店。**

最后，笔者想说说 CVS 便利店的特殊价值，无论是大城市还是一线城市，有很多便利店是 24 小时营业，这意味着什么？事实上，它也是一个永不熄灭的品牌灯箱，一个永远矗立的广告牌，不要小看两三节货架，两三节货架上陈列的商品其实就是品牌宣传的阵地。

因为它的背后是年轻消费群体，**在高频、低客单的消费场景下，高频意味着高触达，高触达意味着品牌有高曝光的机会。陈列越多，越显眼，货期越新，品牌的美誉度便会越高！**

对于老百姓，便利店是一座城市的温度，是深夜街道永远的等候，微不足道却又如此重要。

对于快消人，便利店还是一个销售渠道，是未来永不落幕的守候，微不足道却又如此重要。

吃完便当，整理好桌子，老王起身走到这家便利店的日化货架前，蹲下身子仔细地数着每一个分销单品，1、2、3、4……也许这就是一线快消城市经理简简单单的快乐……

伴着“欢迎您再次光临”的门铃声推开门，深夜的凉意瞬间钻进了老王的衣服，耳机里传来的歌声却让他感觉很温暖。

“勇敢的少年种着梦里花，他曾以为永不会枯啊，如果明白了飞翔的代价，他还能如此英勇吗？ Woo……”

第三章

全域渠道管控升级（下）：综合新型渠道

第一节　渠道 5：化妆品店渠道寒冬将至，如何做

看了一整天的 CS 渠道门店，回到办公室的老王有点累了，他的心更累。

眼看着平台电商、垂类电商、直播带货、拼购平台、抖音快手和社区团购一天又一天把人流抢走，线下 CS 门店的日子也一天比一天难熬……

老王心想今年的 CS 渠道指标肯定完不成了，比这更担忧的是明年怎么办？

透过办公室的落地飘窗，对面大楼的外墙广告清晰可见——“准备好了吗？双十一狂欢节”，这是线上的狂欢节，却是线下 CS 渠道的狂欢“劫”……

2020 年的化妆品线下门店关店潮，可以说是一个全国性的“渠道灾害”。事实上，过去几年化妆品店的客流已经在持续下滑，线下连锁渠道的日子已经大不如从前。

新冠肺炎疫情的出现加速了消费者从线下迁徙到线上的速度，以年轻白领女性为主体的目标消费群已经被线上新零售和垂类新电商全面分流，CS 线下渠道面临严峻挑战。这个时间关口，作为厂家的一线城市经理需要挺身而出，帮助和引导这个渠道走出困境并逐步转型升级。

近年来，在快消品的各大渠道中，由于线下 CS 门店顾客群和线上美妆目标消费者高度重合，化妆品店渠道（简称 CS 渠道）是线下向线上人流迁徙速度最快和规模最大的一个渠道。新冠肺炎疫情期间疯狂生

长的直播带货，让本身已经非常痛苦的CS渠道又遭受了二次打击，简直是雪上加霜。

面对不可逆转的渠道革新和消费趋势，CS渠道将会如何演变和发展？作为日化快消品厂商的老渠道和重要专业细分渠道，广大一线城市经理该如何正确应对？本书或许能给你提供一些思考和启发。

一、CS渠道：市场已变，寒冬将至

每个城市市场中的CS渠道（这里更多是以围绕和广大一线城市经理紧密相关的本地中小CS连锁为主）多年来通过头部日化爆品引流结合BA（美容顾问）的专业服务售卖毛利高的本土美妆产品，一直享受着高毛利和高客单带来的“赚钱效应”。

CS连锁的经营者很多都是脱胎于传统批发渠道，当时他们不满足以往批发流通产品的低毛利模式，从而通过信息不对称和服务加持来转型成为化妆品批发商和零售商，一步一步做大做强，更有很多CS客户成了当地的化妆品渠道龙头，盘踞一方，占地为王，名利双收。

这些年来电商和新零售蓬勃发展，很多传统线下CS客户并没有抓住红利期，而是狭隘地利用电商捣货的便利性和及时性，对头部厂家的爆品进一步炒货捣货，看上去他们占了便宜，但是进一步失去了厂家的专业引导和服务，生意没有变得更好，而是越来越萎缩。

过去的线下化妆品店，主要是以头部品牌、日化标品来引流，价格较低，然后通过卖一些国内本土的中小品牌来赚毛利。通过国内化妆品的厂家裸价模式和折扣贴补来获利，前些年这些品牌都很火、很好卖、很赚钱，但是这两年随着消费者的美妆观念被小红书等垂直电商充分教育，年轻目标消费群已经很难被概念和促销“忽悠”了，以往高毛利的本土中小品牌在线下CS渠道集体哑火。

加上新冠肺炎疫情的出现，本来就已经被线上全面稀释的人流更加低频地走进线下化妆品门店，毕竟化妆品不是婴儿奶粉等依赖顾问型销售的快消品类，BA和导购的线下面对面服务并不是这类消费者的刚需，因此可以断定线下化妆品人流减少的趋势会进一步延续。

客流少了，高毛利小品牌的钱也不好赚了，这是 CS 渠道的大趋势。

遇到危机，首先想的是转变生意的方式。随着新冠肺炎疫情的爆发和延续，这些 CS 渠道也开始被赶鸭子上架开始关注直播带货、社群营销和微信卖货。

虽然不少门店为此扭转了局势，对冲了一部分损失，但整体的转型还是不够理想。最新的数据显示，有 46%~50% 的店铺还没有开始社群运营。化妆品店的从业者相对传统，革新求变的速度也比较慢。

即使做了社群运营，但平均销售额也不到门店营业额的 10%。总结这些门店触网升级，要么不坚决，要么不专业。当然，这两点也是相辅相成的，因为不坚决，所以不专业。不专业也导致了不坚决，最终收效难，步入恶性循环。

对比以前，好日子也过惯了，赚钱也比较容易，现在面对各种全新模式的冲击，CS 线下渠道的老板们开始意识到必须拥抱数字化，迭代自己的生意。然而现状是他们大都不懂互联网，不懂数字化，转型的“姿势”很生涩，心态上也没完全准备好，毕竟疫情来得太突然，措手不及从而手忙脚乱，病急乱投医。

于是我们看到了一个现象，这两年 CS 渠道的中小客户群体中抱团取暖的情况特别明显。不管是化妆品零售商还是批发商，各地都在做联盟。坦率地说，这种抱团取暖更多的是为了聚在一起，谋求一批更低的价格，有更大的议价权。通过统采统配压缩成本，和上游的头部厂商进行价格博弈，但联盟化的专业度还正在路上，仍需精雕细刻。

在 CS 渠道的消费端，笔者有一个感受叫“消费不升级”。过去的大品牌、大厂家不太关注 CS 渠道，但是现在越来越多的大品牌放下身段，主打中低端市场，价格也非常亲民。头部品牌的市场份额越来越大，尤其是电商大行其道的时代，爆品为王的大背景下，“大牌优品优价”的趋势越来越明显。

市场面临冲击，自然对快消品厂商的城市经理带来了更多的挑战和痛点。

二、价格混乱，日化标品占比低，重视程度不够

在化妆品店渠道，日化标品在单店的销售占比一般为10%~15%，毛利低！更多的是充当引流品，所以不管是哪个环节，往往对其重视程度都有限。站在一名前线城市经理的视角，CS渠道面临以下三大痛点：

1. 痛点1：价格混乱

回看这些中小CS连锁店背后的老板，很多人主要是从批发商转变而来。他们不满足流通产品和渠道爆品，不屑于短平快地赚批量的钱，所以踏入这个高毛利的细分渠道。

这些连锁店的老板本质上还是价格竞争的逻辑思维，是追求极致利润的化妆品批发商思维和投机思维。可以说，他们天生带着价格竞争的DNA，价格混乱的根源其实也在于他们自己。

厂商在当地的城市经理，与这些客户合作，供货总是时有时无。现在拿货渠道也多了，他们看上去是在采货时低价得利，然而没有厂家的服务和引导，很多货都卖到过期，其实把账算一算是亏的！这就是格局，格局真的决定着生意。

2. 痛点2：管理不专业

作为一线城市经理，对经销商的门店执行要求只会越来越高，要精耕细作。由于化妆品店的经营特性，导致日化标品主要用于引流，分销的SKU的占比不高，CS渠道更关注高毛利产品。

门店不重视日化标品，从而导致经销商也不怎么重视，业务员的拜访频率不高，也不会想着做好陈列。门店的店员由于缺乏厂家的专业指导，更愿意把最好的陈列给毛利高的产品，而不是最有品牌力、最能引流的产品。

受制于CS渠道的经营理念，门店各层级对于非高毛利品类的重视程度严重缺失，进一步养懒了经销商和厂家业务员，不专业就进一步延伸到商品的分销上。过度依赖爆品，导致这些毛利低的引流品价格倒挂的情况时有发生。经销商和业务员越来越没有积极性，不是爆品就卖不进，最后分销越分越少。

3. 痛点 3：门店动销困境

日化在化妆品门店的占比一般为 10%~15%，又是引流的低毛利产品，所以一级陈列、二级陈列、助销物料和促销资源，门店分配到的店内资源往往非常有限。即便是高毛利的日化产品卖进了，卖出也是一个大问题，左右为难！

对厂商而言，在 CS 渠道的生意量又不如其他零售店和社区超市，由于 ROI 的考量无法实现重点投入。所以，很难有专门的促销导购员进驻，相关的促销信息、价格信息也很难落实到门店，临期品的监管和处理更是现实的重点问题。

所以，城市经理对 CS 渠道往往面临着“三难”局面：投入难、价格管理难、临期品监管难。

以上便是城市经理在 CS 渠道面临的三个关键痛点，面对这些痛点，结合 CS 渠道的整体趋势演变，我们再来看看，城市经理作为一线指挥官到底该如何应对这个棘手的渠道?

三、专业人，差异货，精耕场

CS 渠道生意在萎缩，因此，门店老板对毛利的需求和费用的需求都是极致的，但如果一线城市经理对渠道的痛点不够了解，对渠道老板的心态预估不足，或者对这类渠道的专业性洞察不够，即使再知名的品牌，也很难真正引领或管理这类渠道。一线城市经理：CS 渠道实操策略指引框架，如表 3-1 所示。

具体怎么做，从“人、货、场”三个维度重点规划和布局。

1. 精选业务，深入 CS 渠道

从区域层面要做到术业有专攻，专业渠道必须匹配专业的人来做，不惜从市场中找专业的人做专业的事。精选业务深入 CS 渠道，了解渠道的痛点、重点和关键点，以点带面对日化标品进行精准突破。

从总部层面，要有专业化的美妆团队运作，从选品到区域沟通再到区域销售赋能，实现专业化运营。可以预见，CS 渠道从现在开始到未来几年，必将会有一轮巨大的变革。因此，要做好渠道，厂家的相应总

部和地面团队整体上必须对 CS 渠道的趋势、现状、痛点及接下来的发展有深刻和前瞻性的理解和判断。如果和往常一样，只做常规的分销、常规的助销、常规的促销和常规的维护，很难有大的突破。

表 3-1　一线城市经理：CS 渠道实操策略指引框架

实操方向	实操策略	关键动作
人	厂家	区域：精选业务，深入 CS 渠道，了解渠道重点，以点带面深入各地联盟体系 总部：专业化美妆团队动作，选品到区域，沟通到区域，销售赋能
	经销商	综合业务员的能力提升。管理和激励方式：优化专业 BA 品牌培训提升，从卖价格到卖品牌再到卖服务
	门店	门店老板运营提升：三四线品牌影响力下降，一二线品牌拉力增强，品类优化，陈列更新和促销场景营造
货	精选常规爆品	提升一线品牌运营占比（经销商 / 零售商）增强坪效
	小品类机会	美妆护肤竞争白热化，在品类升级的同时，延伸消费者使用宽度和深度
	差异化推新	毛利洼地，精准推新，是 CS 改善毛利和长久运营的有效手段
场	新零售切入	朋友圈和社群营销赋能，直播 / 数字化营销工具，线上平台专业化动作提升
	专业化动作	专业化经销商运作，更细致的分工定位 一二线城市，对头部 CS 系统的生动化呈现，一线货架 POSM 场景化，路演；三四线城市，通过专业化经销商和地方性 CS 联盟，实现品牌下沉

CS 渠道自身的生意很难，此时更需要厂家的人更有效率、更加精准地辅导他们。在市场中，我们发现，现在越来越多的 CS 线下终端门店开不下去了，开始转型“名创优品”业态模式经营，通过 1 元品、2 元品、5 元品引流，不仅卖日化品、化妆品，还有部分日用消费品，企图利用低价日用消费品做引流，这也许是眼前的不得已，但不能是常规运营动作。

越来越多的 CS 门店老板明白，老的打法肯定不行了。因此，厂家精选的专业 CS 渠道销售人员，必须对渠道的演变有深刻的理解，在当地引领门店和从业者，一起迭代和蜕变。

线下 CS 渠道容易受到电商的冲击，核心是缺少服务，其还只是一个卖产品的场所。为什么母婴店能够在电商迅速发展的情况下，依旧保持相对旺盛的生命力？因为有专业的服务，这是电商难以企及的。**化妆品店的服务在哪里，这是每位门店老板需要思考的，要牢记“电商可以买来快和便宜，但是服务和体验终归还是要回归线下”。**

当然，这也是当地城市经理和负责 CS 渠道的厂家销售人员需要思考的，运营升级就是服务升级，让服务构建价值，构建化妆品店的“护城河”。未来化妆品店的“护城河”一定不是产品，而是服务。

关于经销商，首先综合业务员的能力要提升，通过管理和激励的优化，让业务员更加关注 CS 门店拜访的质量和执行精准度。**专业品牌导购的培训提升，从卖价格到卖品牌再到卖服务。1.0 时代化妆品店卖的是价格，2.0 时代卖的是品牌，3.0 时代卖的是服务，经销商负责 CS 线下渠道的业务员亦是如此。**

毋庸置疑，在三四线城市，本土的中小品牌的影响力在下降，作为一线头部品牌的城市经理要带领团队、引领门店老板进行品类升级和优化，协助门店老板引入服务的理念，不仅做卖进（sell-in）和卖出（sell-out），还要做销售服务（sell-service），三位一体，这样才能把生意做长久。

2. 差异货品，精准推新，改善毛利

关于货，首先，精选常规爆品，不断提升一线品牌的运营占比，缩小部分中小品牌或杂牌的占比，帮助客户增强坪效。过去高毛利的小牌、杂牌卖不动了，必须提升一线品牌的运营占比，通过快速地流转，提升整体毛利额。

其次，优质“小而美”品类的引入。美妆护肤品类已经进入竞争白热化阶段，在做品类升级的同时，要延伸消费者的需求宽度和深度。比如脚膜、手膜、眼膜、睡眠面膜，类似这些更加细分化的小品类都值得播种和培育。

最后，差异化推新，远离毛利洼地，让 CS 渠道的产品线区别于其他渠道，特别是要区别线上渠道。城市经理要站在整体品类的角度思考，哪些细分产品可以改善 CS 渠道毛利，同时价格又相对有安全边界。

3. 新零售切入，打造灯塔门店

关于场，新零售的工具和方法，必须提到城市经理的工作日程上来。朋友圈和社群营销赋能，直播和数字化营销工具都要全面切入。当然，这里说的新零售切入不是简简单单地发朋友圈，在社群内发几张电子优惠券，而是专业化的运营，从小事做起，从第一单做起。

比如限时秒杀、一元换购是维系社群黏性的主要方式，也是引流比较好的手段，要充分定位每一个促销方式的作用和目标。微信直播小程序，这是中小 CS 门店主要选择的直播平台，看点直播和微信是打通的，很容易上手。要引导终端做简单的事、容易的事和有效率的事。

当社群达到了一定体量后，下一步的动作便是激活群内用户，这也是多数 CS 店主目前提出的主要困惑之一。引流是第一步，但更重要的是激活。

为什么社群的销售占比不到门店占比的 10%，核心是活跃度低、裂变太难。在社群的促销维护中，要引导和鼓励店主和店员更多选择有分享价值的内容，比如护发护肤的知识，按主题每周开展促销活动、抽奖、发产品广告等。

专业化的经销商做更细致的分工定位。城市经理要主动影响经销商内部重视做 CS 渠道，最好专门为 CS 设立服务和支持团队。想一想，在 CS 渠道的促销导购和大卖场的促销员能是一样的标准吗？显然是不同的标准。

让经销商做好这样的渠道，笔者的建议是在有条件的前提下可以专门开发 CS 渠道专营经销商，不要和其他渠道混着做。往往做超市的经销商做不好 CS 渠道，术业有专攻，让专业的人做专业的事情。

以地理位置为维度划分优先策略。布局上要有层次，优先对一二线城市头部 CS 渠道进行旗舰店生动化建设，特别是核心城区内的 CS 头部门店的打造要放在第一位，其中包括一级货架 POSM 场景化和定期的路演。然后按照核心城区、县中心、镇中心，有节奏、有计划地打造旗舰终端和灯塔终端。

CS 渠道，在每一个城市都有相对固定的圈子，口碑很重要。所以做头部，头部攻坚战一旦失败，做排名二三的系统和终端，这个城市

的 CS 渠道其实很难真正打开，同时也容易丢失价盘，进而丧失主动权。在三四线城市，则要通过本地影响力的经销商做好覆盖，找到本地的 CS 联盟实现品牌下沉。

虽然 CS 渠道在日化品类中的占比有限，也不是日化厂商的主流生意渠道，但在当前存量博弈竞争的时代，任何一个有销量的渠道，城市经理都要对此有足够的重视。生意不增长，就是城市经理的过失，增长从哪里来，除了从主流渠道的竞争中来，还要在其他渠道中挖出增量来。

当然，在单店产量越来越有限的背景下，不是让城市经理亲力亲为每一家店，而是要站在整体 CS 渠道发展进化的趋势上，更早地做好布局，打磨出一套适合当地市场 CS 渠道增量的高效率方法论，带领经销商团队去执行并落地。

经过一晚的复盘和思考，老王也想明白了——没有一个渠道是注定要被淘汰的，只有跟不上变化的组织和个人才会被淘汰。

CS 渠道相比线上渠道，线下实体店的服务和体验更有优势，获客成本也更低，主动利用新零售和数字化工具建立门店与消费者的联系是生意的根本。

尽管目前线下实体店依然身处困境，然而随着消费者的消费认知的提高和升级，线下渠道终将重新体现自身的价值，因为快和便宜并不是消费者永恒的需求，体验和服务依然是消费者的本质诉求，过去是这样，未来也是这样……

第二节　渠道 6：营造阳光批发，赋能生意转型

今天是本地批发市场秋季订货会，为了这场订货盛会，老王和经销商的团队已经准备了两周多，大家都希望这场会议和往常一样圆满成功。

然而，现场热烈的气氛并没有带来预期的订单，批发客户携家带口酒足饭饱陆续离席之后，剩下的只有十几桌的残羹冷炙……

看着有点泄气的下属和经销商老板，老王打起精神，给大家打气："也许传统的批发订货会形式已经过时了，我们要改变，要升级批发市场的促销策略和机制！"

批发市场，一个很老却又很坚挺的渠道，这个充满流动性和不确定性的行业正面临转型。

无论是过往厂家主导的深度分销策略，还是发动经销商的直接覆盖联销模式，或是近几年以京东新通路和阿里零售通为代表的 ERTM 平台，无不期望减少快消品的多层级流通环节，进而逐步减少对批发商的依赖。

随着自然的新陈代谢和行业的优胜劣汰，这些年着实淘汰了一批档口和坐商，然而大部分主流批发商依然活跃在当今市场中，继续在快消商品流通链路中扮演着重要角色。

批发商的存在，既是为满足厂家提高门店覆盖效率的需要，也是为市场外部环境和内部生产供需起到积极的调节作用。

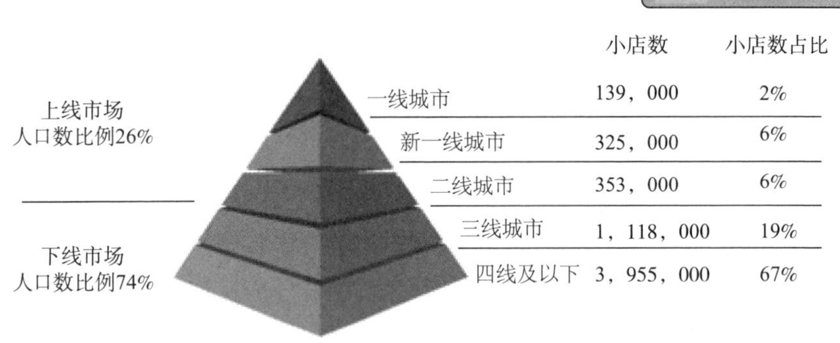

图 3-1　线下门店的覆盖

注：城市级别定义参见《2019 城市商业魅力排行榜》，2019 年 5 月第一财经·新一线城市研究所发布。

资料来源：新经销经下调研和模型计算

如图 3-1 所示，全国传统快消零售小店有 580 多万家，80% 以上都分布在三线及以下城市，没有任何一个品牌商可以只靠各地多层级经销商就能完成门店的覆盖，如图 3-2 所示。

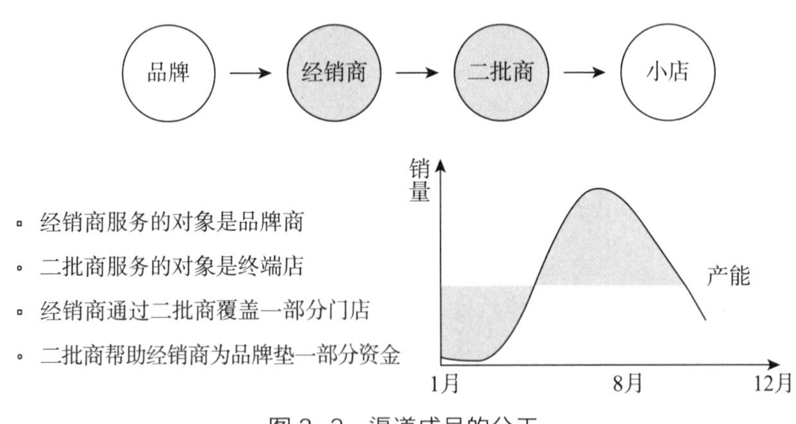

图 3-2　渠道成员的分工

另外，绝大多数品类都有着明显的消费淡旺季，供需是波动性的，作为相对线性恒定的计划性生产厂家，批发市场起到了商品蓄水池的职能，并承担着垫资和垫库等附加功能。

因此，虽然市场在持续进化，但批发市场在较长一段时间依旧存在。站在常规的日化品类的视角，谈谈批发市场的演变趋势，以及在新零售背景下，一线城市经理该如何正确看待批发渠道，以及相应的打法和应对措施。

一、数量减少，向专业化转型

批发市场存在有其显性价值，但不可否认，**批发市场过去的十年，在城市经理的生意占比中一定是逐步降低的。**

为了方便大家理解，在此笔者大体上把每个主流市场的批发客户分成三大类——**大批发商（一般占当地批发市场商户数量的 10%）、中批发商（占 20%）和小批发商（占 70%）**。

首先，10% 的大批发商是指有影响力的批发商，他们一般具有强大的资金实力，以及大量接货和快速出货的能力，在当地市场首屈一指，不仅是市场的弄潮儿，更是价格的方向标。简而言之，这些大批发商就是当地批发市场价盘规则的制定者和最大受益者。

其次，20% 的客户是中批发商。他们相对年轻、有冲劲，渴望做大赶超大批发商，但苦于资金、人脉、网络等方面的瓶颈和制约，目前还处于中型阶段，高不成低不就，有时独立从外面接货，但更多的是从大批发商处调货分拨。

最后，剩下的 70% 一般都是批发市场上的小批发商群体，基本是处于糊口过日子的状态。这两年由于电商和新零售的快速崛起，中型和小型批发商的日子越来越艰难。

我们一般衡量一个批发商是否有盘货实力，主要看他是否占据着“价格生态位”。在传统零售时代，大批发商一般都是从重点客户大卖场接货，或是从跨区大批之间流货和窜货，基本上只要掌握了价格的主导权，就占据了“价格生态位”，因此流货生意越做越大。

从日化品类来看，全国具有影响力的批发市场大约有 20 个，这些市场的大批发商实际上掌握着全国价格的动向。虽然随着电商的崛起，以及新零售，包括 ERTM、拼多多、社区团购等新平台的涌入，但真正掌握“价格生态位”的依旧是这些重点市场的头部大批发商。

这类大批发商往往资金多，网络多，人脉广，库房大。传统零售时代他们接 KC 的货，新零售时代他们也都与时俱进地接电商的货、接平台的货。**这些重点城市的主流批发市场就像一张看不见的网，掌控着每个厂家核心畅销产品的价格。**

中小批发商的货，基本都是从大批发商处拿。在新零售时代下，中小批发商的日子没有变得更好，反而更差了。因为越是大批发商，他们吃货的能力越强，资金实力越雄厚。

简而言之，无论是过去还是现在，批发市场一直是深受行业冲击的“排头兵”，电商逐渐取代 KC 成为市场上最大的流货源头，社区团购、ERTM、O2O 的崛起也让如今批发接货渠道比以前更多、更杂了，这种现象进一步导致中小批发商的日子越来越难过，有的在转型，有的在苦撑，有的直接退出了市场……

以上是批发行业的整体演变趋势。在新零售时代下，不少有分销意识的中大型批发商也正在尝试转型。比如在京东、天猫、拼多多上开网店，与 ERTM 平台展开深度合作等，更有搭建自有平台，自建小程序、公众号，做企事业团购、积分平台、终端小店等。

除了向拥抱新零售、构建平台化方向转型外，还有一部分批发商向专业经销商转型。通过多品牌运作、门店包场的形式，聚焦一个区域做精耕。通过厂家的专业指导，改变以往一味拼价格和被动式分销的模式，通过主动分销和积极服务来抵御发展风险。

事实上，不仅批发商正遭受市场的冲击，对城市经理而言，管理批发渠道的难度也在加大，面临诸多痛点。

二、拿货渠道越来越多，价格不断探底

以往 2~3 个源头渠道变成了 N 个拿货源头，渠道多了价格就容易乱，批发商更容易浑水摸鱼。当下的城市经理管理批发渠道面临着以下

三大痛点：

1. 痛点 1：批发价格不断探底

过去做城市经理，对批发渠道的管理无非是防火防盗防 KC（大卖场）。基本上把 KC 管住，问题就不太大，**但现在批发商拿货的渠道太多了，在传统电商平台上拿，在 ERTM 上拿，在社区团购上拿，在新零售 O2O 平台上拿。**

这些渠道跟批发渠道一样都是卖爆品，价格越来越低，市场监管也不是很完善，批发客户几乎没有忠诚度可言，城市经理对批发渠道的管理越来越累。

2. 痛点 2：下游网点遭受冲击

价格不断探底，首当其冲受到影响的便是经销商管辖的下游网点。批发商为了生存，往往会进一步将一线品牌的爆品或主要经销的核心单品，作为下游门店维系生意往来的载体和敲门砖，不得不进一步压低价格。

这种恶性竞价直接导致城市经理所管辖的经销商与门店的合作关系越来越差，导致前面做分销，后面丢分销，“前人栽树，后人乘凉”。经销商越来越没信心，本身新零售就已经在不断蚕食销量，再加上批发渠道为了生存不断放低价盘，经销商怨声载道。

3. 痛点 3：批发人员面临老化

毫不客气地说，批发市场就是快消品行业里最土、最落后的渠道，在过去的几十年中基本没什么大发展和革新。不管是新零售还是 ERTM，很难有资本或玩家去关注和投资这个夕阳渠道，因为批发从来都是要被取代的对象，而不是值得资本重仓的创新领域。

相应的，我们也能看到无论是城市经理还是经销商，都不愿意派遣能力强的“好销售”去管理这个渠道，更别提花心思培养批发渠道。管批发的人员往往都是深耕批发多年的“老销售”，一方面工作年限比较长，缺乏干劲；另一方面对生意转型缺乏敏锐度和紧迫感。

长此以往，这些“老销售”很容易倦怠，除了日常抱怨价格低外，基本不做“硬核”管理。当然，城市经理也陷入了一个怪圈，越是批发市场越认为是以客情为主的圈子，不敢轻易换人。

这里还有一个潜规则，很多传统批发市场的业务员经过多年经营，有了人脉圈和生意圈，他们也逐步发现其实做一个批发商很简单，为此不少业务员拿着公司的资源做着小生意，既是业务员，也是小批发商，具有双重身份。

批发渠道跟其他渠道不一样，再厉害的业务员在零售渠道也不可能自己开店自己垫款。但对于左手倒右手相对简单的批发生意，不少管批发的业务员，做着做着就成了小老板，加入倒货行业的大军。

为什么价格永远那么乱，其实乱的是人心，乱的是管理。

以上便是城市经理在批发渠道面临的三个关键痛点，面对这些痛点，结合批发行业的整体趋势，我们再来看看城市经理作为一线指挥官，到底该如何应对？

三、营造阳光批发，赋能批发转型

不管谁来革批发商的命，但从当前来看，批发的存在对厂家而言依旧有非常大的价值。**所以，广大的一线城市经理，仍需重视并做好批发渠道“人、货、场”三个维度的规划和布局，**如表 3-2 所示。

1. 人：精选与培养专业人员

用新人，不要迷信老人。优选专业人员负责当地的批发市场。注意：诚信是第一位的，要敢于用新人，最起码他是真干活、想干活！

培养批发人员的专业性，比如掌控当地批发市场核心敏感单品的日常价格波动信息，培养新人这方面的能力很重要。同时，要帮助批发人员梳理对价格流动规律的整体认知，知道外界的价盘水位，并对此准确预判和防范。

要非常敏锐，而不是道听途说，深入市场的角角落落，各个商户通过旁敲侧击了解市场的风吹草动。

培养批发人员实时掌握搜集物流货运信息的能力。货从哪里来？每箱价格是多少？物流成本是多少？回程车会节省多少钱？先有信息的主动权，才有可能提前做布局和拦截。

对城市经理而言，不仅要培养专业的批发人员，还要培育对价格有掌控力的批发客户。哪些是优质的批发客户？

据笔者的观察，就是中型批发商，他们想做大，也具备主动分销的意识和能力，相对年轻有上进心，一线城市经理要扶持中型批发商做大，以此梳理整个批发渠道的价格体系，营造良好的批发环境。

表 3–2　一线城市经理：批发实操策略指引框架

实操方向	实操策略	关键动作
人	精选人员	优选 1 ~ 2 名专业人员负责当地批发市场
	培养专业	培养该人员实时掌握当地批发市场各个单品价格波动信息的能力 培养该人员实时掌握搜集物流货运信息的能力
	培育客户	培育对价格有掌控力的批发客户
货	精选单品	重点分销适合小店渠道销售的商品，区别于电商、KC 规格
	推新卖高	通过了解批发到小店的毛利空间，推广高潜力、高毛利产品
	管控价格 查清货源	发挥经销商当地的社会资源，联合审计部门查处每一笔窜货订单的价格、货源与物流信息
场	阳光批发	严禁销售假货，一经发现，立刻向品牌保护部门举报，同时向当地媒体提供资料曝光
	赋能转型	通过直播，线上满减、秒杀、满赠等新零售促销活动，让批发商更加专业，降低拿货价格低的影响
	批发扶正	为了更加方便地管控渠道价格、覆盖，通过对其发展理念、覆盖能力及资金实力等方面的评估，把有意愿合作的批发商发展成为厂家正牌经销商

2. 货：精选单品，推新卖高，管控价格，查清货源

在“货”方面，批发市场主要卖的是中小店渠道，为了避免与两大主流（B2B、ERTM）平台直接的竞争，在产品结构上尽量做到区隔化，重点分销适合小店渠道销售的精选单品，区别于容易破价的电商和 KC 规格。

推新卖高，批发商不能死盯着爆品，因为爆品谁都在卖，电商卖、社区团购卖、ERTM 卖、拼多多卖，卖到最后谁也不挣钱。其他平台烧得起钱，量大玩得转，批发商可没有平台的资金实力，批发商想赚钱，要尽量规避此方式。

另外，城市经理对核心单品的价格要了如指掌，最大限度地保护本地市场的价盘和网络。充分发挥经销商当地的社会资源，联合审计与稽核等部门，查处每一笔窜货订单的价格、货源和物流信息，保证核心爆品、重点单品价格不被透支，尽量延长产品的生命周期。

3. 场：营造阳光批发，赋能批发商转型

关于“场”方面，赋能批发商转型，必须运用新的手段，不要被时代淘汰，帮助批发商减少对低价竞争的依赖。如果批发商只定位卖低价货的档口，显然已经无法在现有及未来的分销链路中分到一杯羹。

当下不少大批发商和中型批发商也不想坐以待毙，城市经理可以赋能批发商转型，可以帮扶批发商通过新的营销方式，比如开通 O2O、社区团购等供货渠道，通过直播、新零售的手段，做线上满减、秒杀、满赠等活动。

以长沙为例，当前高桥市场的批发生意红火，得益于湖南近年来涌现了一大批新零售业态。比如兴盛优选这样的新零售平台，对批发商而言就是行业的红利，及时对接和合作就能为批发商打开“场”的新赛道和新机会。事实上，每个城市市场或多或少都会有一些新业态的出现。当新业态出现的时候，批发商要主动对接，充分融入，及时抓住新兴平台的红利期和窗口期，把“场”做广做宽。

另一条赋能路径，便是发展优秀批发商成为厂家授权经销商。城市经理为了更加全面和深入地管控渠道价格和增加直接有效覆盖，通过对高潜力批发商发展理念、赋能能力及资金实力等方面的评估，可以把一些具有强烈意愿合作的批发商发展成为厂家的正编经销商。

还有一点需要提及，为什么批发市场的价格会低得离谱？因为存在潜规则：掺假。对于重点批发市场，尤其对有历史黑名单的批发市场，要进行重点蹲守，一经发现需要第一时间汇报品牌保护部门，发出报警信号，并结合公司的媒体部门，提供资料曝光，对假货商家进行严厉打击。

综上所述，批发市场无论是过去还是将来，谁占据“价格生态位”，谁就占据着核心的价格优势和供货话语权，即便如此也只能维持现状，要发展、要迭代就必须升级。

一线城市经理需要引导和打造一批具有线上线下全域覆盖能力的新型批发商，实现批发渠道生意的可持续发展，甚至可以选择主动联合或撮合一批有意愿做大做强的批发商加快数字化、平台化的转型，实现合纵连横、互相结盟、抱团取暖、共建阳光批发的良好营商环境。

做好了订货会的收尾工作，老王和他的团队并没有立即下班回家，而是临时开了一个小会，议题就是“如何打造阳光批发，赋能批发渠道升级”。

“批发渠道不能放任！更不能简单地观望和等待，批发商的升级不会自然而然地发生，作为厂家业务代表，我们必须引领他们转型！”

老王决定以后每周挤出半天时间去批发市场实地拜访，深入客户和终端，提炼最新生意痛点和机会，把批发渠道的管理抓起来，因为他始终坚信只有深入一线才能真正解决问题！

第三节　渠道7：特殊渠道的趋势、痛点、策略和打法

老城区老街的大酒楼雅间里，老王陪着当地大型集团的采购老刘一直在喝酒，不知不觉啤酒已经开了第三箱了。

望着酒桌上的一堆空瓶，满脸通红的老王眼神有点迷离，为了这单劳保团购订单他可是豁出去了，他已经不记得喝下的啤酒是第八瓶还是第九瓶，但是他知道这单大劳保订单一定要拿下……

在一线城市经理的渠道划分里，除了常规渠道外，还有一个类型叫特殊渠道，藏无影，去无踪，至今没有一个精准的定义。作为传统非主流渠道的代表，特渠相对封闭，也依赖客情，这么多年伴随快消品行业

的发展，始终是特立独行的存在。

比如我们熟知的企事业劳保、加油站便利店、药妆店、监狱、部队、烟草、积分兑换平台、礼品公司、景区超市等，这些非主流的渠道构成了每一个城市市场的特殊渠道。

这些生意的获取和覆盖基本可以分为两类：一是直接覆盖，一般由特渠经销商直供；二是间接覆盖，比如通过第三方公司或中间人覆盖。这两类形式关键取决于谁掌握着客情关系。

谁有客情谁就能做！看上去简单，但是做好这门生意却不容易。因为这个渠道的每个项目、每单生意都是非标准化的，极度依赖关系。由于开发时间长，客情的主体存在不稳定性，决策时间和链路冗长低效，甚至过程中会掺杂诸多不确定性因素。真的！这不是一个容易开发的渠道。

对于城市经理而言，特殊渠道的意义是辅助渠道，而非核心渠道。然而，这个渠道有一个好处——帮助当地经销商实现社会资源的变现。很多经销商做生意多年，积累了不少人脉和社会资源，一直苦于变现无门，在新零售快速更迭的当下能够抓住一个封闭渠道做“慢生意”变得比以往重要。

虽然特殊渠道是辅助非核心、传统非主流，但并不是说不可以做大。在有些区域的生意中，特殊渠道的占比在 30% 以上。

一、特殊渠道：平台、规模、专业和透明采购

虽然特殊渠道的生意目前没有办法标准化，但总体而言，总有一些确定性的演变趋势。

趋势一：向线上化、平台化转型，即越来越集中，越来越成规模。

为什么？阳光采购是这两年频繁被提及的话题。据不完全统计，团购福利市场约有 4000 亿元规模，其中 3000 亿元是企事业劳保，这些是特殊渠道的主流市场。

过去很多年，几乎每个公司都有这个采购的“灰色地带”。近年来，随着京东、得力平台及第三方礼品公司的涌现，很多集团公司或政府机

构都在极力推动“阳光化”，通过线上完成团购劳保的规范化批量采购。

这些单位越来越倾向京东、得力类似全国相对透明的平台，而不是像以前通过分散的线下传统采购模式来执行。比如京东已经成为国家指定的“阳光采购”企事业劳保采购平台之一。

在企事业单位采购端，集中化采购也成为明显趋势。通过成立独立的团队、部门或公司，把以前分散的碎片采购整合成为集中采购，这样有利于提升采购效率，同时也能降低沟通成本。

比如银行积分奖励的实物，以往广州分行是广州分行采购，北京分行是北京分行采购，采购的品种、价格都不一样，现在统一集采。这样的集采不仅提高了议价能力和工作效率，还减少了每个单位内的“灰色地带”和“灰色操作”。

趋势二：更加专业、更加公开透明。当在公司内部成立独立的部门或小组后，有了统一的管理采购流程，对产品的品质检核也越来越严格，同时希望和品牌商或当地主流的经销商联合营销合作。

这里不仅仅是采购，还提供一些方案。以往只是拼价格或者拼关系，关系的好坏甚至决定一切。但随着部门化、小组化的专业运作，不仅是价格，还有专业的营销方案需求。

当然，这对大品牌来说是一个机会，越集中、越透明、越规模化对中小品牌越是不利的，很难通过层层筛选，尤其在质量和毛利的分配上。集团企业和企事业单位的采购方，也公开制定了严格的采购标准，甚至也会做全网比价，比如对标京东、天猫等平台价格。

趋势三：创造新需求，讲出好故事。企事业单位的采购，最终还是到消费者或员工或目标服务对象手中。产品只是载体，最终满足终端用户需求才是关键。

比如招商银行采购，你是某食用油厂家的城市经理，不能仅仅提供产品本身的配方和价格，还要“讲出好故事”，配合相关活动，比如“招财进宝，年年有鱼”“用好油，用好卡”等营销方案。

洗手液的品牌商可以联合平台商推出外卖骑手关怀行动，为骑手提供洗手液等清洁消杀用品。

坦率地说，骑手本来没有这样的刚性需求，当地的城市经理如果能

够主动创造需求，讲出好的营销故事，以产品为载体，传递价值链增值的路径，其实很多特区生意是可以实现的，也就是“无中生有”地创造需求，这是每一位城市经理能否做好特渠的重要能力之一。

以上是站在全局视角看特殊渠道的演变趋势。反过来，我们再看看面对这样的特殊渠道，一线城市经理正面临着哪些痛点或误区？

二、认知片面，操作不专业，无匹配专供产品

或许是非主流、非核心渠道的原因，城市经理对特殊渠道的认知其实并不多，甚至有时存在片面认知，同时由于没有或很少有资源投入，很容易不重视，继而导致客情不稳定，再加上封闭性渠道，客户的资源都掌握在一些特定关键人手上。

如果城市经理和当地特渠经销商的合作少，甚至无合作，这方面的生意就会少很多。同时，体量越大的采购客户越是有自己的利益链条，比如中间的“白手套”关联公司。

如果城市经理不经过这些关联公司，很难和大客户产生连接。因此，**特殊渠道对城市经理的第一个痛点是对特殊渠道认知不足，专业度极低，不熟悉特渠需求、产品、毛利的分配，观念决策及具体的操作流程也相对较弱。**

第二个痛点，没有针对特殊渠道的产品匹配。不仅是业务层面不够重视，上至公司总部或大区层面对这样的渠道也认知较少，只能用批发的流通规格走特殊渠道。

因为这类产品的价格比较透明，进行比价时，这样的产品往往没有太大的竞争力。很多品牌针对特殊渠道没有专供品，渠道的利润分配要求又不同，比如价格要求全网最低，但是又要有价格梯阶和层级。

这些问题都会成为其瓶颈，现在越来越多的公司专门开发生产针对特渠专供的产品。通过规格的差异、香型（偏冷门）的差异，实现特渠产品的专品专供。

因为他们意识到既然要做特殊渠道，就必须针对这个渠道有规划，有渠道专门定制的产品。即使进行全网比价，因为这些是特供产品，相

对容易留足渠道利润和毛利空间。

第三个痛点，很多一线城市经理总是以“守株待兔”的心态做特渠。特渠每一个订单的开发和培育周期比较长，很容易半途搁浅。久而久之，就养成了销售团队守株待兔的“碰运气”博彩开发心态，没有主动出击的特渠开发策略注定失败。

以上是城市经理面临特殊渠道存在的痛点。下一步我们看看针对这些痛点，一线城市经理具体应对的方法和策略是什么？

三、成立专职小组，设定特供 SKU，开发特渠客户

依然从“人、货、场”三个维度进行具体拆解，如表 3-3 所示。

表 3-3　一线城市经理：特殊渠道实操策略指引框架

实操方向	实操策略	关键动作
人	市场调研	研究该渠道，根据市场调研信息，制定特渠标品、渠道策略、专业卖进故事
	专项跟进	前期设立兼职小组，类似“海豹突击队”，中后期生意上台阶后设专员，术业专攻。精选 1 名专业人员负责
	提升专业	公司内部提供产品性能、操作流程、卖进故事、注意事项，专业培训；外部向蓝月亮、相宜本草这些品牌学习、调研
货	精选单品	精选常规渠道单品。推广适合特殊渠道销售的常规产品，区别于电商、KC 规格。公司也可以设定特渠专供 SKU，在京东、天猫等旗舰店挂价，定向用于各地销售团队开发特渠
	设计标品	设计特渠标品。通过了解特渠对于产品毛利空间的分配需求，同时分析竞品各方面的情况，针对性地研发该渠道的标品
	选品诚信	选品要诚信！不能当成处理临期品的渠道，看上去解决了眼前的问题，但是失去了订单，消费者最终会为体验而进行选择
场	特渠开发	寻找与开发品牌特渠经销商。通过借助经销商的社会资源、客情关系、专业水平，实现特渠产品的快速销售，达到借船出海的效果
	营销共创	与特渠经销商、特渠平台商共创。尝试用新渠道营销方式共创，通过直播销售、线上满减、秒杀、满赠等新零售促销活动和方式让特殊渠道及渠道下游客户有更好的体验，有利于降低价格等因素的影响

1. 专职小组，专项跟进，专业培训

首先是人的方面。如果是在特渠渠道建立初期，笔者的建议是设立兼职小组，类似“海豹突击队”的形式，选择部分相对年轻、敢想敢干敢挑战的销售同事，利用周末或业余时间，小团队作战，联合经销商一起开拓。

经过一段时间的运营，在中后期该渠道生意上了一定台阶后，设立特渠专员。如果一名城市经理想真正在特殊渠道挖掘到增量，必须术业有专攻，培养专业人，干好专业事。

有了专人之后，便可以根据自己所在市场进行深度调研，制定特渠标品、渠道策略及相应的专业卖进故事，做价值链的重塑、再造和创新。

前面说了要做好特殊渠道，除了关系、产品和价格外，随着渠道的演变，卖进故事也非常重要，在没有“强需求”的背景下，如何通过销售故事打动目前的特渠客户，如何实现“无风也起浪，有风浪滔天”的卖进影响力，这也是非常考验特渠开发团队的能力和水平的。

相对不断迭代的零售渠道、相对封闭的特殊渠道，变化其实不明显，有专人负责会越做越熟练、越做越有经验，这样的渠道“护城河”就会慢慢建立，一旦逐步巩固和建立就会易守难攻，本市场的竞争品牌很难蚕食。

2. 区别单品，针对开发，诚信选品

特渠选品建议区别于常规电商和 KC 规格的产品，公司可以设定特渠专供 SKU，在京东、天猫旗舰店上标明价，树标杆，方便客户比价。不求线上销售多少，只是为树立价格认知，帮助线下地面“部队”能够有空间，更便利地推动和开发特殊渠道。

针对特渠标品的设计，前期通过市场调研充分了解渠道对产品毛利空间的分配需求，同时仔细分析竞品各方面的情况，做到针对性开发。

具体如何做？比如将常规标品中的几个冷门或不畅销口味和香型设置为特渠产品，并根据竞争对手的主要价格带进行针对性的设定选品策略。比如通过调研发现 15~20 元是主流，也是团购劳保客户选择最多的，推出 15~20 元的杀手级产品和更有竞争力的价格参与竞争就是不二的战术方向。

最后诚信选品，过去很多城市经理把特殊渠道定义成“为清货而生”的渠道，比如发现仓库里还有十几万元的临期品，抓紧找几个客户通过“劳保”便宜点清货。

看上去是解决了眼前的老库存问题，但往往是聪明反被聪明误，特渠最终到达的也是消费者。消费者用了临期品，使用体验会大打折扣，最终影响的是品牌在当地消费者心目中的品牌形象和产品口碑。更直接的是，很容易失去未来的劳保订单。

消费者最终会为产品的体验买单，这是过往城市经理操作特殊渠道存在的最大误区，一定要警醒，不能寅吃卯粮，让短期利益伤害了长期口碑。

3. 开发特渠经销商，与平台共创活动

每个城市的特渠客户都不一样，比如有些城市有矿场集团，有电信公司，有电子工厂，像华为、富士康这类企业更适合做特渠。

当然，这样的大客户必须与相应专业的特渠经销商合作，还是那句话——术业有专攻，这些经营多年的特渠经销商不仅拥有现成的特渠网络，还拥有客情关系和专业水平，城市经理必须在这些城市主动寻找和开发专业特渠经销商，实现特渠产品的快速分销覆盖，达到借船出海的目的。

如果当地没有专业的特渠经销商，可以鼓励现有的本地经销商，联合经销商一起开发，前期充分挖掘经销商的社会资源和特定关系，让经销商尝到特渠的甜头，后期逐步进行规范化和专业化提升。

另外，之前说的特渠平台商如京东和得力，联合经销商主动与平台商进行共创，尝试用新的营销方式如直播销售、线上满减、秒杀、满赠等新零售促销活动，让特殊渠道的最终用户获得更好的体验。

综上所述，虽然每个城市市场的特殊渠道销量有限，同时每个品类对应的特渠特性也有所差异，但一线城市经理必须重视每一个能产生销量的渠道，像这样封闭的渠道，做就有，不做就没有。

只要前期积累了资源，积累了专业，后期只需定期维护就能收获稳定的销量订单。相比当下其他渠道在一片红海中惨烈厮杀，关系至上的特殊渠道拥有着天然的“护城河”，就看你愿不愿意抽出时间思考，花精力去做。

开始建立起你的特渠生意基本盘吧！一线城市经理未来拥有一个稳定的“慢生意”渠道将是无比幸福的……

早上七点半，急促而欢快的手机闹铃准时响起：“打工人，打工魂，打工都是人上人……”

老王的酒终于醒了，昨晚被同事抬回来的场景已经想不起来了，然而他记得这笔大团购订单接近成交。

老王站起身走到窗前，冬日阳光照在脸上，暖在心头，为了这单劳保他付出了太多，不知道磨了多少嘴皮子、喝了多少酒、修改了多少版计划、新长了多少根白发……

然而，他觉得一切努力都是值得的，老王相信越难开发的订单未来越长久，因为很少有人愿意去做难事，在特渠赛道上其实真正的对手并不多……

第四节　如何应对来势汹汹的社区团购

对着镜子，老王注意到最近白头发多了很多，突然间，一丝丝伤感和无奈涌上心头……

过去一年里，行业的变化实在太大了，越来越多的新渠道推着老王和他的团队不停地往前跑，每一个新渠道都需要从零开始学习、适应、上手和操作，然而好不容易刚刚上手了，互联网新渠道又迭代了……

随着互联网和资本的助推，快消品行业每年都有一个崭新的大风口出现。2018年的到家电商，打破了传统零售空间上的物理限制；2019年的B2B风口，让传统渠道的玩家们不由得心头一紧；2020年的全民直播，直播电商应势而起；2021年，社区团购的二度崛起，重构了整个人、货、场。

一、存量侵蚀，饭碗掠夺，经销商必须转型

对于一线城市经理而言，社区团购崛起带来的影响，更多的是对城市经理和经销商共同的影响。

以前，谈到经销商必谈转型，怎么还不拥抱新零售？我们回过头来看看，O2O到家业务的崛起，完全是跳过了经销商由零售商在主导。接着ERTM风口的出现，但在主流依靠平台自营的情况下，开发合作的经销商少之又少，尤其中小型经销商更是没有机会触碰。

由于社区团购要求每个城市和县乡镇的高质量、高时效、高频率履约，从而使得互联网平台模式第一次和经销商群体真正“喜结良缘”，全国各地的经销商是时候开启新零售的对接和尝试了。

这次的渠道变革，经销商们不知不觉已身处局中。

一方面是存量被抢！社区团购更高效地直接触达消费者，平台不压货和及时退货意味着一级销量就是二级卖出，订单即售出。当线下零售渠道面临萎缩的情况下，这个直接TO C的渠道抢夺着经销商现有渠道的存量。

另一方面是跨区打劫！过去，一个经销商负责一个城市或一个片区的生意，外来经销商跨区销售是被多方明令禁止的。但是现在由几大主流社区团购引导的“跨区销售”正在逐渐合法化，因为社区团购的全国性布局和扩张，让“货”的经销权已经淡化了“指定区域”的概念。不同的平台会扶持不同的经销商，深受信赖的专业经销商跟着平台全国开城已经不是新鲜事，比如四川的经销商可以跑到湖南开户，然后再扩张到更多的城市和省份做服务。对接社区团购并通过平台逐步实现多城市、多省份，甚至覆盖全国网络的专业渠道营销商正在不断涌现！这时候，当地的传统经销商再保持不动就是坐等挨打！不但既有存量生意会

被社区团购分流，同时外地的社区团购经销商也会被跨区域“打劫”，而且不会跟你打一声招呼……

不管经销商愿不愿意，不入局则没有生机。

二、城市经理不能只是观望、控制和平衡

城市经理在面对社区团购时和经销商不同，他们的态度不一定是主动的。因为面对一个新渠道的出现，对一线城市经理也是一个很大的挑战。或者说任何一个新鲜事物，对于一个责任心不是很强的“打工人”来说，“不出彩”比“不出错”更安全。

至少城市经理还没有像经销商一样被迫入局，所以城市经理的态度会分三种：第一种是观望；第二种是控制；第三种是平衡。

社区团购刚崛起就一直争议不断，都说价格乱，厂家骂、中间商骂、终端也在骂。为什么？因为社区团购线上与线下糅合的概念太超前了，几大巨头平台从 2020 年下半年相继入局到现在，仅仅花了 3~4 个月的时间就走过了 0~1 的初创过程，几个月的时间走完了别的业态几年时间要走的路，从立项到招人，从招人到建仓，再到全国各地插旗点亮，从来没有一个互联网的链路可以搭建得这样迅速。

这样仓促上马的后果就是，平台的采销前期相对混乱，甚至来不及跟经销商或者供应商对接。所以，前期向来信息敏锐的批发商对接社区团购的动作最迅速，因为谁先对接谁就可以起量。另外，加上一些低价格的电商的渠道，所以平台的外采率一般在刚开始阶段都比较高。

在没有对接和合作的前提下，社区团购又从批发市场和电商这些源头竞价采购，厂商自然会觉得这个渠道很难掌控，甚至对价盘的影响很大，所以这个时候保持观望是很多一线城市经理的第一反应。

随着厂家和经销商逐渐对接平台，慢慢做起生意之后，平台也会时不时地出现乱价行为，这时城市经理开始进行提醒和敲打。因为社区团购平台前期主打爆品，价格势必敏感，即使经销商提供的价格没问题，但平台为了吸引流量，自己私下补贴也不可避免。所以，这时候，城市经理的心理反应开始从观望转向控制。

从观望到控制，城市经理依然是以防守和不出错的心态去做事，他们最担心这个新渠道到底会不会给老渠道带来不利的影响。不过，当有一天，大家发现社区团购的量越来越大，而且这个量并不是类似其他互联网平台业态囤货刷单产生的，而是团长实实在在卖掉的量。这时，眼见有利可图的经销商们都会找城市经理争取平台代理授权，而那个时候就需要城市经理控制起量之后的平衡，尤其是面对经销商“内卷”的平衡之术。

作为一名积极向上的全域城市经理，不能只是观望、控制和平衡，而是要主动出击，带领经销商主动对接、服务和合作每一个社区平台。

三、城市经理要知晓的平台未来趋势

每一位城市经理在全面对接社区团购生意的同时，要清楚理解这个渠道的前景！对城市经理而言，社区团购的以下几个小趋势值得注意：

第一点，所有的平台会逐渐从攻城转为守城。点亮一座城市，攻打一座城市，但是攻城并不是像蝗虫过境一样，收割完就走，攻城是为了以后的守城。每一名城市经理要充分对接，不仅要打“闪电战”，更要带领经销商和团队适应未来的“持久战”。

第二点，从地方到中央。从很多平台的打法来看，除了美团设立区总监外，其他平台只设省总监，没有大区总监，就说明其实是在以城市为单位各自为营攻城守城。但是未来这些平台一定会整合和聚拢，实现和品牌商的区域性和全国性合作。所以，一线城市经理不用恐慌平台上面的“杂牌”比较多，不要只盯着价格，要不断尝试新的营销打法和团长运维，为未来的可持续增长布局。

第三点，从爆品打爆到营销打通。现在平台是在打爆品，什么价格敏感就采什么品，但是很多时候都没有运用营销侧的资源。未来平台从产品侧到与营销侧协调共振，这是必然会发生的，所以从单品思维到品牌思维，是每名城市经理和省级经理需要思考和布局的，千万不要陷入日常的订单履约工作无法自拔，从而忘记了真正品牌商城市经理应该做的事和擅长做的事。

第四点，从基本履约到系统履约。目前的履约，更多的是用送货的速度、频率、残损处理和及时性来衡量履约的质量。未来将是系统性履约，引导经销商是不是可以成为平台网格仓合伙人或者参与整个物流体系的分工，都是一线城市经理需要考虑的问题。

社区团购这个渠道，不管是对城市经理还是整体的经销商来讲都值得重视。城市经理必须帮经销商一起做，而经销商老板更是要全身心主动入局，切忌做一个只会发号施令的甩手掌柜。

四、城市经理面临的运营痛点和应对方案

带领经销商和团队对接本地各大社区团购平台的信心和心智已经具备了!

那就开始聊一聊一线城市经理面临的主要痛点和相应的应对方案。

第一，人员的专业素质低。因为社区团购发展较快，平台崛起也就3~6个月的时间，市场上的人才青黄不接。整体来看，大部分厂家、经销商都是被迫入局，都持观望态度，合作进度缓慢，也不会花钱去请专业的人，家族企业的人员直接复用对接采购、平台。

第二，只卖爆品且价格混乱。多平台竞争异常激烈，平台希望通过超低价快速开城并抢得消费者份额。不乏一些平台“一品多商”，尤其是爆品，哪家价格便宜就从哪家拿货，甚至通过自身烧钱，出现破价行为，有时候不一定线下爆品好卖，不过这样的行为严重影响线下渠道，让厂家、经销商苦不堪言。

第三，平台对供应商物流配送的要求非常高。最严格的是，根据上午销售数量在活动当天中午 12 点至下午 4 点配送预估量，从以往的 72 小时、48 小时配送缩短为 4 小时配送。同时，对于供应商退货要求非常高，一档活动结束后要求第二天退货，如果继续排档期，可以进行虚拟退货。大部分情况都无法继续排档期，需要第二天预约退货，否则进行报损处理。在这个过程中很容易造成货物丢失，对于经销商的供应链能力考验非常严格。

相应的解决方案从人、货、场三个维度来逐一解读。

1. 人——快速、专业、极致

根据大部分社区团购平台的业务合作模式，四个关键角色需要精准配备和联动提效。

（1）本地销售团队

一线城市经理要精选年轻销售员成立专项小组，这里的年轻业务主要指的是工作年限在 2~5 年，对于线上线下渠道及玩法都有一定的了解与认知，同时熟悉办公软件，能够高效率地进行数据分析、内容总结和及时复盘。当然，具有非常强的沟通协调能力是必不可少的，主人翁精神及渴望成功的强烈欲望会让这些年轻的销售人员不断探索和创新，深入研究渠道发展，成为社区团购赛道的生意专家。

（2）经销商团队

经销商老板层面：因为是全新赛道，要求经销商负责人（老板或者总经理）必须全程参与，包括合同洽谈、选品计划、促销活动安排及供应链履约等方面，全面深入地了解渠道发展和细节玩法，快速响应并且提升自身效率，尤其是供应链方面。

经销商业务层面：成为老板、厂家、平台的沟通桥梁与纽带，主要协助老板服务好平台供应链履约及维护客情关系。

经销商财务层面：降低该渠道的毛利预期，建议单独用周转来计算该渠道投资回报率，前期按照月度核算，后期可以按照每档活动、每个仓库甚至每个 SKU 来核算。

经销商供应链层面：分为自营配送与第三方服务配送，无论是哪一种配送方式，都需要仔细研究平台规则，满足平台要求。同时，需要不断提升供应链效率，现在大部分经销商都无法满足平台的要求，这既说明平台要求苛刻，也意味着只要经销商做到了，相应的竞争对手就会更少。随着平台履约要求的不断提升，到最后就是剩者为王。最好建议经销商供应链人员学习与完善专业仓储运输系统，提高仓储物流人员专业素养，持续提高供应链效率。

（3）区域商品运营

以互联网思维为底层逻辑结合城市为主战单位的社区团购，省采拥有主要坑位上刊决策权和更灵活的运营权限。他们多出身传统 KA

采购，在互联网内部赛马机制中，往往能够主动跳出传统采销模式加速提效，对接好这批人对上坑质量[①]提升至关重要。通过高频复盘来摸索出一套适合本地的高效营销战术也很关键。比如通过数据分析，研究每天的高点在什么地方，每周的高点在什么地方，什么样的价格段最好卖……从简单的商品供应到营销共创，区域运营的对接需要更深度的共创。

（4）终端团长

团长势必是社区团购最后一公里的关键履约环节，但从现状而言，平台对团长端的掌控力并不强，团长的维护能力也参差不齐。如何让团长多曝光、多宣传，从而更多地推荐我们的产品是城市经理需要考虑的问题。城市经理要充分研究每个城市团长群体的特性，通过灵活多样的团长激励和关键销售日的竞赛排名，来提升团长参与度和品牌宣传，首先抓住10%~30% 头部核心优质团长资源，让他们多推、多卖、会卖。

2. 货——以消费者画像为中心

（1）本地消费者画像

研究不同平台的消费者画像，通过观察消费者去提货点提货，以及采访周边人群的使用情况，社区团购的消费者和到家消费者有区别的地方。从社区团购的消费者画像来看，83% 的购物者为女性，30~49 岁主流群体占 70%，且 92% 为已婚，这样的消费者画像告诉我们选品要多、好、省。通俗来讲，就是规格大，有品牌功能背书，价格划算。这时，如果上架男士、高端、小规格产品在社区团购平台上一定会产生滞销。千万不要抱着处理旧货的心态去低价做社团渠道，消费者是精明的，他们会有直接使用的体验感，不要留下不必要的负面隐患。

（2）选品和迭代

为了避免价格战和不赚钱，必须持续培养新品和趋势品！从几个头部平台来看，60%~70% 覆盖城市属于下沉市场，即我们常说的镇乡村

① 上坑质量也叫平台坑位质量，俗称上坑，也就是指社区团购 App 上的每一个海报产品，俗称海报坑位。

市场，这些市场的选品在前期缺乏足够数据分析样本的时候，在选品上要高频尝试和小步迭代，让消费者给我们答案。前期每周每个平台 3~8 个品更新替换，高频尝试常规爆品和各种新品，然后沉淀和替换首部和尾部各 20% 的单品。在高频试品的同时，不断总结本地的价格带“黄金区间”，1.9、9.9、19.9、29.9、39.9 等每个关键价格卡点的产品尝试要小步迭代，持续沉淀并逐步总结出一套适应当地市场的社区团购产品组合。

（3）管控价格与查清货源

平台的货源来自五湖四海，破价行为对市场的影响很大，需要针对每一笔破价行为进行严格控制和监管，要求执行团队对每日活动进行审查，溯源上游客户，同时赋能现有客户，提升专业与服务能力，帮助经销商满足平台需求，降低价格影响。

3. 场——线上 + 线下，攘外必先安内

（1）提升线上运营专业度

不同于传统渠道，平台维护需要经销商具备基本的页面维护技能，这也是传统经销商的薄弱环节。总结下来，上刊“三要素”需要特别注意：

“一美”：不是所有电商美化图都适合社区团购，针对低线市场的平台 App，朴素和简单的画面文描转化率更高。

“三价格”：即划线价、供货价和售价，屡上屡查（平台存在擅自改价的情况，确保文描正确）。

“五相符”：包装、生产效期、香型、规格和条码，必须 100% 确保图文相符，这样才能降低上刊容错率。在保证基础运营专业度的基础上，高频排档，高频试品，加速流转。

（2）学会造节

除了日销跟进，关键销售日的贡献越来越重要，联合品牌尝试造节也是拉升客单的重要玩法。城市经理要带领团队把握大型节日节奏，结合直播、宣传视频、产品宣传图和团长激励等营销方式提升关键日销售。

（3）营造品牌场景而非价格场景

社区团购战发展到今天，单纯靠价格下沉的边际效应在递减，经销商一味地跟其他采货源比价必定两败俱伤。要让一线城市经理明白品牌厂商的优势除了价格，更多在于品牌的影响力！这也是下沉市场消费者端的最大拉力，在 App 和小程序端营造品牌场景而非价格场景，不仅能拉升客单，还能加大产品宽度。

（4）线下联动

随着社团快速扩张的初期完成，各城市份额争夺战成为主要方向，客单量、客单宽度和坑产（海报坑位产出，DM cut productivity）对采购的要求越来越精细化，最终演变成消费者对于平台忠诚度的争夺战和拉锯战。于是，我们看到平台会尝试把一部分投放在本地市场的线下拉新，比如在商场和社区等人流聚集区域做集市路演和平台拉新。城市经理要带动和引导经销商主动参与，做平台、品牌联动，这种合作和支持除了能够拉动客单，更重要的是可以提升和平台的合作黏性，加速模式共创。

半个钟头过去了，对着镜子，老王拔了一大把白头发后，整个人精神许多。

“新渠道再怎么演变，也绕不过销售的底层逻辑，就是分销和动销，就是卖进和卖出！没什么好焦虑的，主动学习、积极应变、小步快跑、不断迭代就是解决焦虑的良药！”

想到这里，老王轻松了很多，小曲也哼了起来：“取一杯天上的水，照着明月人世间晃一晃……”

第四章

提升个人、团队和经销商的能力

第一节　不要做执行包工头，要做新时代抢先机的全域城市经理

每年年终都是老王和下属做年度绩效回顾的时候，年复一年的一对一沟通，老王发现今年的绩效评估比以往难谈很多。

过去的一年，由于受新冠肺炎疫情的影响，当地的渠道发生了太多的变化，很多新零售、新平台连衡量的标准都没有成熟，更令老王头疼的是在沟通中发现大多数下属似乎对新零售依然抱着观望的心态……

在当下渠道高度碎片化的新零售时代，一线城市经理从来没有如此重要！

在过去没有新零售电商的很长一段时间里，大部分快消品企业的市场逻辑是：**总部定策略，大区定落地，前线抓执行。**

虽然以前外部的环境也在变，即使有零星的新业态出现，也基本上是由总部和大区来引导，每个城市战场的前线销售团队更像一支“执行包工队”，日常主要负责执行，对于“市场设计图纸”（也就是策略制定）没有话语权。但新冠肺炎疫情后互联网加持而快速发展的新零售业态快速催熟，生意占比越来越大。

因而各个品牌商总部不得不重新审视，以往谈的是“大总部”，后来强调的是“强中台”，但现实是仅“强中台”也没用，因为最终落实在全国几百个城市前线，当下需要的是“**强前台**”！

小城市群和单一地级市的区域性新业态或城市型新平台越来越多。有的新零售业态和创业公司，甚至生意范围都不会跨出一个地级市。在这种背景下，不要说总部了，连大区都很难对各地不断涌现的新零售业

态有快速的反应和指导能力。

无法做到快速响应，就更谈不上策略上的指导。目前新冠肺炎疫情的常态化，新零售已经不能叫真正意义上的新零售，而是零售另一种形式的常态化，正逐步演变成快消通路的新基建。它已经不是新鲜事物，或者不再是可有可无。

在这种大背景下，一线城市经理的重要性是史无前例的。因为他不仅仅是最了解市场、最了解品牌的代言人，更是最了解本地零售业态更迭变化的局中人。

在新形势、新零售下，一线城市经理能力体系的升级和重构迫在眉睫。面对新环境，城市经理们该以什么样的心态迎接，应配置什么样的能力应对当前的局面？

在纷繁复杂的新零售下，我们要做什么、不做什么，取舍和平衡，尺度拿捏，更考验每一位掌管一方生意的城市经理。

一、升级内核

什么叫内核？

简单理解，内核就是城市经理的心理状态和精神状态。内核虽然看不见、摸不着，但作为一名市场销售人员，做市场犹如战场作战，两军对垒士气很重要。城市经理心气足不足、是不是有斗志、是不是具有强烈的上进心很重要。

在快消品行业，无论是这几年出现的新零售，还是以往的传统零售，我们都是在一片看不见硝烟的战场上鏖战着。面对新老交叠的战场，一线城市经理具体要升级哪些内核呢？

1. 强烈的改变意愿

新零售来了，我们面临最大的挑战是原有的规则和玩法已经玩不转了，越是一二线城市或省会城市，越能感受到市场强烈的变化，因为新零售和新渠道的萌芽和孵化一般都是从核心城市和头部城市开始。

虽然这样的震荡可能还没波及四五线城市，或者波及少一点，但每一位城市经理都要有强烈的改变意识和意愿。不是一二线城市经理被迫要改变，而是所有的城市经理要建立全新的能力地图。

改变伴随着什么？现在要做的事比以前多得多。同时，做了更多的事，也不一定有更多的销量。因为现在的渠道业态是把以前传统的两三个渠道的销量重新分配了。做得更多，得到的相比以前不一定更多，但又必须做。

在这样的背景下，意愿上的改变是第一步，第二步是有策略、有计划地改变，不能今天做社区团购，明天做直播，后天又做 O2O，不能东一榔头西一棒槌。

强烈的改变意愿是对整个渠道有一个全盘的认知。不管多难，不管多忙，城市经理都要身先士卒，主动带领团队学习，而且学习的第一主体必须是城市经理自己。

因为新零售的出现，谁也不懂，自己必须先明白，必须有充分的认知。以前有句话叫“主将无能，累死三军”。现在来看，“主将不懂，带偏三军”。

作为一名城市经理，如果你不改变，整个团队就容易认知崩塌。坦率地说，快消品行业整体的文化素质并不高。素质越低，对改变越抵触，越容易陷在舒适区，不愿意走出来。

强烈的改变意愿，无论是对个人还是团队都非常关键。

2. 饥渴的好奇求知

这是关于好奇和求知的系统性设计和思考。一位城市市场带头人的学习能力决定了这个城市团队营销能力的基准。

学习切忌一知半解，没有深入学习，不经过深入了解就照搬照抄，很容易走到死胡同。

比如社区团购来了，如果只是机械地根据总部的指引做一些对接工作，但对整个社区团购生意的底层逻辑不太明白，对平台的核心算法也一窍不通，就不可能用平台的思维与平台对话，无法用新零售的打法和新零售对接，最后没有办法适应新的渠道和业态。

除了要拥抱新零售，还要有好奇心，更要有求知欲。没有人是神人，没有人是天才。你要比竞争对手更会做新零售，只有一点，你要比竞争对手钻研得更多更深。

如何钻研？躬身入局。去一线谈判，和团购对接，和小二对接，和拍档对接，和用户对接，和电商对接。只有真正地谈判，去交流、去前线、去实践，才可能知道内部生意的打法和逻辑。

不仅跟自己的过去做对比，还要跟竞争对手做对比。如果竞争对手比你学得更多更超前，他早一步抢占赛道、抢占先机，对最后生意的影响是非常大的。

3. 清晰的革新路径

除了有意愿、有求知欲、有好奇心外，更要有清晰而具体的革新路径。

城市经理不能天天跟团队说，兄弟们要去改变，要去学习。这是鼓舞士气的口号，让我们有信心，但这是远远不够的。

什么是清晰的革新路径？每位城市经理必须不断设定一个短期目标。

这个路径必须是短期目标的累计，比如每个月的每一周，城市经理要带领团队在社区团购的新赛道上革新的动作是什么。

第一，选品方案，把社区团购上架的产品与传统零售、线上电商进行区分，与总部或大区资源部门达成一致，得到他们的认可和支持。

第二，设定适合本地市场主流社区团购的促销计划，是打折还是满减，抑或是秒杀。

第三，营销资源的营销曝光，清楚地知道平台的曝光点在哪里，最终实现生意的最大转化。

第四，跟一线团长深度的沟通和透传，对团长进行培训，让他们对品牌、产品、促销有充分的了解。

同时，要对团长进行激励机制，最后可能还要进行销售竞赛等。

新零售变化太快了，革新动作的设定必须落实到月度计划，否则变化太快，设定的季度、年度计划，根本不符合平台的规则和玩法。

革新的路径不是抱着一本书或读几篇公众号文章。针对新零售的变化，革新路径要盯着短期目标而不是长期目标，因为这些新业态、新平台自己都不一定能活得到中长期。

短期目标，跟着平台，和他们一起战斗。如果能缩短，最好是一周一目标，成为他们最紧密的合作商，这样你才能抢到先机。

刚刚说的是新零售、新渠道的跟进，传统渠道不是说就不用不做，其实也要做清晰的革新路径规划。现在的事情越来越多，精力总是恒定有限的。以前一天工作 10 个小时，现在工作 15 个小时不现实，提升工作效率是唯一的出路。

针对传统渠道，如何革新？很简单，为了应对新渠道，做老渠道的效率要提升。提升效率的目的也是腾挪出更多的精力在新赛道上领跑，获得新渠道的市场份额。

这里可能面临新的问题，城市经理也知道要革新，但革新的东西太多了，往往无从下手。天天忙得要死，既有大卖场、小店，又有批发生意、ERTM，还要对接社区团购、到家渠道，真的很累……

怎么办？一般来说，周五、周六、周日是周一到周四的 3 倍销量，是快消品行业里的关键销售日。过去的做法是带领团队爆破，招更多的促销员，抢周末打卖场的动销。

这些能丢吗？不能丢。所以，城市经理要给他们的建议是，关键销售日的策略没有问题，但方法需要变一变。如果还在重复五六年前的工作方法，根本就没有机会拥抱新零售。如果现在新零售输了，失去的很有可能是未来。

此时，要尝试从底层开始思考，周末线下大卖场的爆破活动，选品是第一步，产品有没有选对。选好产品，有没有可能不要人，只要一平方米二级地堆也能实现动销。有没有可能，制定准确的流程、制度和方法，即使你不去现场依旧能实现完美执行。

面对过往的生意，存量的包袱无法说放就放下，然而城市经理必须抽出一定的时间学习新零售，实践新零售。

因此，**革新的路径是要让存量市场更有效率，增量的新渠道、新零售和新全域要抢先机，要更激进。如果你都不懂新零售，更谈不上革新。**

4. 极致的回弹逆商

极致的回弹逆商是什么？当面临环境的巨大改变时，很多人是不愿意改变的，当别人不愿意改变或者不理解时，便会遇到挫折。

不仅你的团队不理解，经销商不理解，甚至一些公司的大区和总部也是畏首畏尾。每个人变革的决心是不一样的，往往不能统一步调。

很多新零售的出现，往往不是全国性的，而是区域性的。当你基于本地的零售业态去设定计划时，很多人是不理解的，必须不断地沟通，不断遭受他们的质疑，以及财务、物流、上级的质问和打击。

在这样的状态下，一线城市经理必须有很强的自我调节和回弹能力，也就是回弹逆商。

有些一线城市经理也有改变意愿，也有好奇心和求知欲，也设计出了很好的路径和方法，但在执行过程中，职能部门多问几句，老板多问几句，或者经销商多发几句牢骚，城市经理便顶不住压力打了退堂鼓。

算了，还是别干了！跟着老板，跟着大家的步调走就行了，所谓“枪打出头鸟”。做一线的领导者其实不容易，想做点事有时挺难的。当面临新旧冲突的时候，一线城市经理必须在心态上具备快速复原的能力。

二、外在核心技能升级

刚刚说的是城市经理内在技能的修炼，更多的是意识上和思考上的升级。这一部分重点讲外在核心技能的升级。

1. 聚焦核心产品的定力（分销）

细心的城市经理会发现，虽然渠道多了，但大多卖的是畅销爆品。聚焦核心产品的定力不是说只聚焦几个产品，或者在平台上面都卖爆品，然后打价格战。

当我们面临平台更多、爆品更集中的现实背景时，一线城市经理要回归产品本身，产品才是消费者最终产生消费的载体。

此时，一线城市经理该怎么做，了解城市里的每一个渠道，充分了解本地市场每个渠道背后的用户购物决策树，同时匹配不同的产品。

比如社区团购，它的目标顾客在平台上的购买决策树究竟是什么？跟大卖场有什么不一样，跟便利店有什么不一样，以此思考，研究出每个渠道真正需要的是什么样的产品。

一名优秀的城市经理，首先要成为一名优秀的产品专家，**在固有独**

立的本地市场，要清楚地了解在自己所负责的品类下，是一个什么样的消费形态，基于每一个产品本身匹配相应的渠道，这是一切的根本。

2. 专研核心用户的定力（动销）

销售的核心基本是分销和动销，产品匹配渠道是分销，产品匹配渠道背后的用户是动销。一线城市经理对城市的每一个渠道，要清楚地掌握其对应的消费者购物习惯、购买决策路径。这是总部市场部和策略部门领导没法给的。

城市经理要做个有心人，清楚地知道用户的画像是什么样的。

比如在社区团购，用户画像是 35~65 岁的家庭主妇和大妈，大卖场是 25~45 岁的家庭主妇和年轻宝妈，便利店是 18~35 岁的白领、大学生及民工等，这很关键。

当你清楚地知道了什么渠道背后的用户，再反过来你的产品在相应的渠道内，设计什么样的促销活动，在什么样的位置露出，以及展示什么样的卖点，便会很清楚。

3. 打通沟通效率的定力（内外部）

新零售出来以后，内部原有的体系发生了很大变化，很多公司都在重整和升级，或成立新部门以应对新变化。

虽然借助互联网工具，信息可以实现即时反馈，但也因为互联网导致沟通效率降低。过去沟通发邮件，咬文嚼字，现在微信随时都能发，不再反复推敲，细节漏洞百出。

不能为了沟通而盲目沟通，不要为了应急而盲目沟通，不要因为有很多的需求而被迫沟通。先把沟通的优先次序排好，沟通做好充分的准备，打磨好你的“销售故事”。

每次见客户，可以少见一个，但见一个客户要成功一个。尤其现在的新零售平台，没有那么多时间跟你反复沟通，提前计划，沟通要在点子上。

另外，在优先次序上，卖场合同一签一年，不差一两个月。但现在的社区团购早入驻一天，就多一天的销量。晚进去一个月，可能就完全错过时机了，竞争对手已经与平台达成了战略合作。

因此，打磨沟通效率，不仅是优先排序，还有沟通内容的准确性，不要模棱两可，更不要在细节上漏洞百出，做好规划，每一次沟通都要设计一个“销售故事”。

4. 精耕全域分销的定力（方向）

精耕全域分销，这是笔者一直强调的内容。毋庸置疑，渠道的多元化和碎片化势不可当。

一线城市经理们不要想太多，在一个城市的布局一定是全域布局，线上线下一起发力。从产品到定价再到营销最后到促销，都要基于全域去设计。

5. 打造头部人才的定力（发动机）

越是分散的碎片化生意，越需要更勤奋、更聪明、更高效的人，而不是墨守成规的人。无论有没有新零售的出现，打造头部人才，一直是一线城市经理的关键事项。

头部人才是可以解决问题的，头部人才不会把问题放到你的肩上。总是喜欢抱怨，把问题交给领导，请示领导如何做，这是最低级的人才，也有可能是“老白兔”，看上去有意义，但永远没有结果、没有进展，只是态度好，那很危险。

市场变化太快，除了自己学习实践外，还需要建设人才梯队，多培养头部人才，带出来了就能打胜仗。打胜仗的人是有共性特征的，打完这个平台，换一个赛道再打，赢的概率依然很大。

新零售此起彼伏，一年一个大变化，月月周周小迭代，头部人才也意味着他的学习能力，远远强过腰部、尾部的同辈。我们无法改变外部环境，但城市经理要打造不变的人才，以不变的人才应对变化的环境。一般来说，头部人才的效率和贡献相当于两三个腰部和尾部员工，甚至更多！

6. 孵化全域伙伴的定力（基建）

这是一项基础建设，一线城市经理要主动推进传统经销商和零售商的变革。城市经理有机会向外看，有机会以更高的维度去鸟瞰市场，也有机会学习把握行业的趋势。

学到了好东西，要学习赋能你的伙伴，引导和教育下游的经销商和零售商，帮助他们抓住更多的生意机会。未来当他们做到了，并从中获益，一定会感激你。同时，这些感激也会化成信任，成为你和客户持久合作的基石。

三、“两个基本”和“两个能力”

当一线城市经理愿意拥抱新零售、实践新零售后，一段时间后会发现，无论是新零售还是传统零售都是万变不离其宗，解决的都是分销和动销的问题。

因此，说到底，城市经理要持续修炼的只有两项最核心的算法——分销和动销。

目标从来都没有变过，变的只是方法和路径。当我们掌握了分销和动销这两项最底层的逻辑后，其他只是新方法、新工具、新模式的学习和实践。

最后，城市经理要想持续做好市场，领跑市场，做大市场份额，持续修炼管理的底层逻辑，其实只有两项能力：**第一，业务能力；第二，领导能力。**

过去在传统零售，渠道相对固化，基本稳定，城市经理习惯了每年略微增长，坐在办公室里喝茶，一个月也去不了一次市场，生意照做，可能还有增长。

每年做的事情差不多，开订货会，和分销商喝酒，与零售商谈谈 JBP（联合生意计划），搞促销。业务能力，都是通过常年累计，靠时间沉淀下来的经验，慢慢内化为业务能力。

但是现在不行了，即使再强的谈判能力也已经失效。你懂 ERTM 吗？你懂 O2O 吗？你懂社区团购吗？不懂，不好意思，你打不了仗。连仗都不知道怎么打，还怎么带兵呢？

在当前形势下，笔者认为业务能力比领导力更重要。当前的新零售业态发展太快了，快消品行业从来没有一个时代像今天这样——一个月有一个小迭代，一季度有一个中变化，一年有一个大趋势。在快速变化中，只有你相应地迭代业务能力，才有可能号召团队，跟着你向前冲。

他们可能不懂新零售的底层逻辑、底层算法，但深信领导的业务判断能力，相信跟着优秀的城市经理有“肉”吃，他们便愿意尝试、愿意改变、完美执行！

老王感觉这两天一对一的年终绩效沟通对员工并没有太多触动，新零售、新渠道的全身心投入不仅要提升心态的重视度，更要提升执行的动作精准度。于是，他准备开一个内部小团队的研讨会，把全域做生意的核心动作全部复盘一遍、梳理一遍、加固一遍，这样才有机会让大家伙知道为什么必须做、怎么做和持续做。

只有内部会议讨论极度充分，所有人的疑虑和顾忌全部清除，会议的结论和行动计划才能最大化地解决核心问题，一旦核心问题达成高度一致，外部执行就一定会好起来。

想到这里，老王的脸上泛起了笑容，一群年轻的同事跟着他打市场真心不容易，必须对他们负责任，每一天带领他们眼里放光，走路带风，每天都做闪闪发光的团队！

第二节　团队升级：渠道是基础，选品是关键，决胜在响应

刚刚结束完周会，老王特地叫老李和小张留下来，最近社区团购的价格有点乱，老李和小张闹起了别扭，老王想跟他们好好聊一聊。

“老李，你要支持年轻人的工作，社区团购刚刚开始做，难免和老渠道有冲突，作为资深老同志要多多理解，明天我们仨一起拜访几个团长，一起讨论一下解决冲突的办法，你看行吗？”

“嗯，行！”老李敷衍地回答道。老王显然对这样的态度不满意……

新零售时代下，几乎每个快消品牌商都在谈创新、谈变革、谈转

型。每个企业都在基于自己的经营特性和组织特性积极求变。

每一个一线城市销售组织（即每一个地级市销售团队），作为中国快消品营销里最基层的营销单位，在新零售、新全域时代里，也是求变的主体。**如果前端一线城市销售组织不变，企业谈再多的变革，最终也落地不了，生意也不会发生明显的改观。**

站在一线城市经理的角度，谈一下一线销售团队到底要变哪些、不变哪些？

一、一线全域团队重构的四个原则

1. 从渠道全域需求出发匹配团队

过去我们的口号是“品牌是基础，分销是关键，决胜在终端”，这是相对渠道固定的说法，但现在不行了，我们的口号要变为“渠道是基础，选品是关键，决胜在响应”。

为什么这么说？对一线城市经理来说，品牌离得太远了！消费者的确重要，但几乎碰不到。每天 99% 的时间都是与客户、与渠道相关。虽然新零售能直接连接到消费者，但是与新零售的接触，最终体现的形式仍然是渠道。对于一线城市经理而言，渠道依然是生意的基础。

选品是关键，现在涌现的新渠道，很多都是在卖爆品或新奇特产品，也是因为他们能直连消费者，能够与消费者对话，基于渠道的场景，匹配目标消费者。此时，如何基于渠道的不同，对应布局不同的产品线是当务之急。

决胜在响应，以前是决胜在终端，但现在终端变了，有的是有形的，有的是无形的云终端。如果终端在微信里，怎么去决胜终端。因此，渠道一直在变，关键是响应。新渠道的出现，能不能抢赛道比守赛道更迫切，比如社区团购赛道，你不抢别人抢了，没有话语权就没有主动权。

当前的快消新常态传导到每一个城市市场，感受到的最大变化就是新旧渠道的强烈分化，渠道销量的重新分配和渠道形态的迭代创新是不可逆转的趋势。

一切都是渠道。

渠道在快速变化和重构中，一线城市经理不仅要关注渠道的变化，还要时刻响应渠道的需求，基于他们的需求，结合我们生意增长的目标，设计策略打法，匹配团队的能力。而非像过去一样，简单地根据拜访网点来构建分销、动销的能力。

2. 培养明星人才，平庸没有增量

任何一个一线销售团队里都有 5 种类型的人，即明星、小白兔、牛、野狗和狗，如图 4-1 所示。

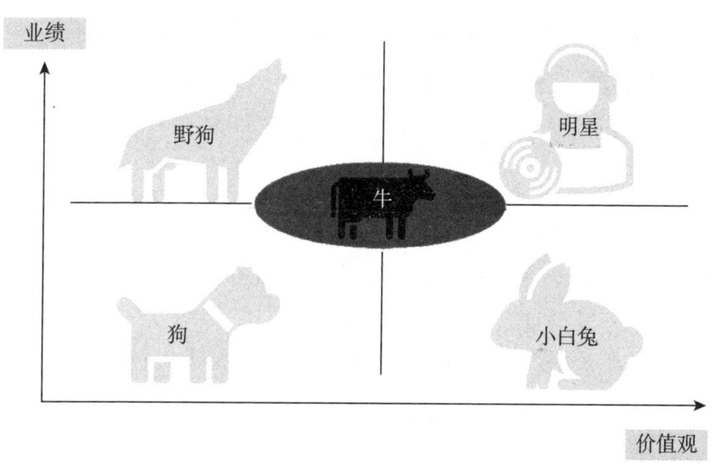

图 4-1　5 种类型的人

第一类：业绩好、价值观也好的被称为“明星”，这样的销售员工将得到尽可能多的晋升和回报。

第二类：没业绩但是态度好，也有一定价值观的被比喻为“小白兔”，这样的员工将会得到帮助。

第三类：没有业绩也没有价值观的被比喻为“狗”，这样的员工将被“杀掉”。

第四类：业绩好但没有价值观的被比喻为“野狗”，这样的员工很危险。

第五类：业绩一般、价值观也一般的被称作“牛”，这样的员工占大多数，他们一般随大流，“小白兔”得势就跟着变成“小白兔”，明星得势了这些人就会学习明星，这是团队中的大多数。[①]

毋庸置疑，团队中的**“野狗”和“狗”肯定是要被淘汰的，“野狗”型下属往往业绩很好但喜欢拉帮结派，往往用不可持续的方式做短期的业绩。他们和“狗”一样是“恶性肿瘤”，不除容易扩散。**特别是到了每年的岁末年初，销售团队要有进有出。

“小白兔”，价值观很正，但就是不出业绩。这类人我们要逐步转变和适当汰换，保证团队更加有活力，更加有战斗力，同时保证团队的新陈代谢。

处在中间的“牛”，这些人永远是在观望，他会在团队中观察是“明星”员工得势，还是混日子、混资历的“小白兔”得势。“明星”得势，就往“明星”上靠；跟“小白兔”近了，就会变成勤勤恳恳的低绩效员工。

作为一名城市经理，很多时候管理的都是本土本乡的人，甚至都会有亲戚或朋友关系，低头不见抬头见，往往很难做客观的淘汰和调整。长此以往，便会导致庸才太多。

面对全域新零售、新形势，坦率地说，一线组织的人才梯队建设更加重要，因为要求更高，学习能力和适应能力都必须跟上行业升级和迭代的速度和专业度。

现在的市场环境，必须大力培养优秀人才梯队！只有“明星”人才才能引领增长和抢夺份额。因为当前的业绩增量来自两个方面：**第一，存量抢份额；第二，增量抢身位。**

但这两个路径都是 90 分的思维才行。存量抢份额，为什么能抢到别人的份额？肯定是要比别人做得更好。

比如跟随品牌要抢领先品牌的份额，前者必须做得比后者更好，但是如果你的团队普遍是 60 分的人或者 70 分的人，你根本抢不到份额，因为别人本身就已经做到了 85 分。

3. 敢于重仓，播种期容忍低人效

敢于重仓，相信新渠道、新平台的增长确定性。千万别因为社区团

---

① 摘自《阿里铁军》，中信出版社，2017 年版。

购等新兴渠道现在体量不大，一个月可能几万元、十几万元就不重视。

新渠道的出现，对品牌商而言往往是播种期，要容忍低人效。因为平台的效率乘以时间，它的潜力将是巨大的。很多人只想着收获，而不愿意播种，不播种不耕耘，哪有不劳而获的可能性。

要重仓新渠道，专项跟进，主动拥抱。虽然现在量小，但要看到平台未来发展的潜力。我们一直说抢赛道，如何抢赛道，当新渠道小的时候，第一时间进入才有可能实现抢赛道的可能性。一旦新渠道成熟，再想进入收获销量，它对应的投入和代价也是巨大的。

4. 老中青三个年龄段，不同定位

用每个阶段员工的长处，忽视不足，聚焦优点和特点。不是说老人就不好用，老人有老人的长处，中坚力量有中坚力量的用处，年轻小伙有年轻小伙的活力。

对应不同渠道和不同打法，要因渠道配置老中青三代，用好的前提是用活，而用活的根本在于用准。

在新零售渠道上，要敢于用年轻人。新渠道对口的一般是创业公司或互联网公司，背后的沟通对接人也是“90后”。如果用老人，对接的平台窗口可能凌晨加班还在找品牌商交流，而此时“越夜越精神”的年轻人显然更能快速响应。

在传统商超和批发渠道，要用老人或者有经验的中坚力量，因为不仅仅需要情商，还需要有社交关系。传统渠道的客户要面子，有套路。这时候，如果一个年轻人去沟通，很容易被“欺负”，但资深对资深，都有阅历和城府，都有深厚的行业和社会经验，做事就很容易顺利。

因此，对老人不是一竿子打死，老人有老人的优势。存量抢份额，让他们去抢；经销商有困难，让他们去谈判；批发商捣乱，让他们去摆平。

新老人要结合，不能让新人做老渠道，老人做新渠道，那会发生神经错乱。千万不要说因为老人以前做得特别好，城市经理就要自始至终重用他，他做什么事都放心，现在社区团购等新渠道他做肯定没问题。

很有可能，他的“一世英名”都毁在了你对他的“盲目自信”上，最终两边渠道都丢了。而错配的年轻人在老渠道被客户欺负和打压，不到两个月就要离职……如果将两种类型的下属都配置在正确的渠道，也许就是双赢。

这也是我们一线市场的实践总结。过去新入职的年轻人离职率很高，核心原因是他待不下去，天天跟经销商或二批商周旋，毫无成就感。

现在不一样了，跟新零售渠道合作，哪怕生意再小，但至少他会认为，我是在跟阿里巴巴合作、跟美团合作、跟京东合作，沟通的人也都是高学历的同龄人，多少还有一些创业的感觉，这种成就感往往是无法用薪资衡量的。

二、一线销售组织，哪些不能变

1. 团队价值观和底线不能变

不管新零售怎么发展，新渠道怎么涌现，团队的价值观和底线不能变，不能徇私舞弊，底线不能丢。坚持做正确的事，以及始终带领团队坚持积极向上的价值观是根本。

无论形势怎么发展，一线营销组织作为前线指挥部，作为一线城市经理，要带领团队传播正能量，这是任何城市经理都必须提倡和经营的。

2. 团队指标的严肃性不能变

这一点非常关键。**无论是做新零售还是传统销售，线上还是线下，任何一个厂家的前线销售团队的天职都是每个月按时完成销量指标。**这是天经地义的，没得商量的事。

一旦销量没完成，即使新零售做得再优秀，也不能称得上称职。也许你和团队可以有一百个客观理由来解释指标没有按时完成的原因，但对于任何一家公司而言都是徒劳的，毕竟越是变革的时代，每一个公司越要保证运营的可持续性，达成指标的严肃性就是每一位前线城市经理的红线。

3. 团队终端每日检核不能变

有人说，新零售渠道很多在线上，为什么还要每日检核？事实上，

新零售只是用互联网的技术让快消品行业的生意更加高效，并不是纯线上，而是线上和线下的融合。

例如一线城市经理接触的ERTM、社区团购、O2O到家等线上渠道，都是和线下终端完全捆绑的，线下门店利用互联网平台的先进算法，形成效率优势和平台优势，最终的执行结果离不开销售团队的例行检核，“销售靠紧盯”这个办法即使在现在依然行得通。

当然，这些新渠道不会像以往的渠道，每天有固定的拜访路线，生意的好坏在于每天的拜访质量，还有主管的协同拜访，城市经理的复查。新零售渠道如何做到每日检核？

比如ERTM就需要各地销售紧盯每日执行，如果平台规定本月活动分销8个SKU，但追踪报告显示只有4个SKU，少了4个，一线团队每天的晨夕会必须解释清楚，是货没到还是平台漏单了，必须有结果和快速响应的动作。

社区团购亦是如此，如果终端团长奖励6%的佣金，但你去终端门店发现，只有3%，其他3%哪里去了，这些不断的检核和追问都离不开每天的例行拜访和高频检核。所谓“**答案在现场，现场有神灵**”，只有在战壕，才能看到硝烟。

4. 团队常规复盘会议不能变

早会、周会和月会，这是确保所有执行是可控的有效管理工具。在新零售渠道越来越多的情况下，更是要开早会，因为总结的东西太多了，要响应的东西也太多了。

以往每天早会就那么几件事，销量达成进度和门店拜访的追踪，开着开着就开疲了，因为每天都一样。现在不一样，新零售、新渠道、新平台每周甚至每天都在变化。

开会特别是周会，还担负着培训的作用，一线销售组织没那么富裕，可以经常去大区和总部参与课堂培训。只能以赛代练，以周会和月会代替培训的功能，培养一线团队的即战力和新认知。

5. 团队末位淘汰机制不能变

这跟指标的严肃性不能变一样必须上纲上线，总是完不成销售或者总是最后一名，就要末位淘汰。当然，新零售来了以后，很多一线城市经理的组织内还是以老销售居多，可以通过末位淘汰的机制进行更快速的更迭，也是为了让更多的年青一代新陈代谢。

最大的“90 后”已经 31 岁了，做一线销售代表最黄金的年龄在 22~33 岁，“90 后”都快要离开黄金 10 年了，不仅是“90 后”要进来，“95 后”也要加入进来。

三、一线销售组织，哪些必须变

1. 团队的渠道打法要变

渠道打法为什么要变？同样是大卖场，过去的组织配置主要是线下，现在要加上 O2O 线下协同配置。线下不但不会加人甚至还会减人，站桩理货的促销员同样不需要那么多，大卖场的生意有 10%~20% 已经转移到线上，线下是存量，增量在 O2O 到家。

类似大卖场渠道的打法改变后，线上的分流和蚕食每年都在高速增长，这会进一步导致线下的人员投入变得更加精简。**精兵战术将取代以往的人海战术，曾经每到周末各个货架被各厂家促销人员塞满的壮观场景已一去不复返。**

2. 团队的精力分配要变

生意在被不断重构，销量也在被重新分配，以前花了很多精力在传统渠道精耕细作，但现在要逐步分配越来越多的精力到新渠道、新零售。当然，这不意味着忽略或不再重视以前的渠道，毕竟目前传统渠道既有的存量还是生意的主体和大头，新渠道在未来一定会成为主流。

精力有限，怎么有效协调和分配？**以往的渠道为了做到 80 分，你可能花了 90% 的精力。现在老渠道相对整盘生意只占到 70%，此时你可能要抽出 30% 的精力去做新渠道。**

传统渠道怎么办？不要追求 80 分，做到 60 分就行了。不要追求完美，因为你追求完美的渠道生意正在下跌。完美执行做到了 85 分，但销量在下跌意味着你的完美是多余的、无意义的。

3. 团队的协同方式要变

以往一线的销售组织内都是各管各的，最多是批发会影响各渠道的生意。但现在渠道触网后，每个渠道都有可能相互影响，会有很多冲突。

在价格上，渠道多了价格更乱了，如果没有协同，或者组织之间把握不好，就容易产生内耗。

几乎每一年快消品行业都会有新渠道出现，同时伴随着一轮阵痛，即新格局对老格局的重新分配。这时处于老业态的所有人都会受到影响，而新业态的销售与老业态的老资格们在协同上很容易遇到配合和协作的问题。

解决问题要就事论事，要快速响应，精简流程，开诚布公。比如3L食用油，社区团购每桶便宜了3元，面对这个问题团队要摊开了说，是什么原因导致的，城市经理要带领大家一起探究，协调下一步方案，第一时间解决问题，不让问题“过夜”。

在处理过程中，城市经理也要界定一些原则，比如是否合规、是否在公司规范的框架内操作。前提是确保整个市场利益和集体利益最大化，通过客观公正的态度去解决新老渠道冲突产生的每一个细节问题。

很多时候，城市经理会让年轻人做新渠道，但往往会受到老资格们的质疑和挑战，城市经理不能护短，要公开透明、奖优罚劣。

4. 团队的学习方式要变

在传统深度分销时代，一线销售组织长时间规律性运转，销售知识和技能体系已然成型并驾轻就熟。

当新零售和新全域时代到来，既往的销售知识和技能体系已经无法适应，尽管很多一线城市经理对于新知识、新技能的学习非常渴望，然而不够系统和不够深入的片段式学习使得大多数团队的学习呈现离散状态。

怎么办？**答案是转变成为学习型组织。群体学习！通过群体共创共鸣实现团队能力共同升级，而不是靠过去的个体学习模式。**

如何做到群体学习，需要在一定时段通过团队战役来实现个体和团队的共同提升。个人学习意愿再强烈，但是要全面和专业地搞明白新零售太难了，要和公司团队一起互动、一起在实战中学习。

例如针对社区团购这类新渠道，大家要一起打会战，一起沉浸实践。这样，团队中没有涉及新零售的同事也可以利用周末时间参与社区团购的“战役”。

亲身参与之后才能互相理解，做传统零售的同事会逐步意识到原来社区团购低价不是销售人员想低价，而是平台太难掌控需要更精准的管理。如果传统渠道的人没有参与进来，就很容易形成内耗。

以上便是一线销售组织重构的变与不变。**任何一名城市经理都应该具备清晰的变革推进思路，所有的动作以客户和平台的需求为根本，以此重构每个城市销售团队的核心能力体系，顺势而为，稳步增长。**

带着老李、小张走了一天社区团购的社区，拜访好几位团长，老王意识到老李的态度在转变，毕竟老李通过实地走访和沟通，也意识到不是小张故意搞乱价格，很多事情需要团队共同解决。

看到大家都有点饿了，老王打算请他们吃饭，刚坐下就招呼服务员来两瓶白酒，因为老王一直认为没什么误解和隔阂是两瓶白酒化解不了的，对于新零售、新业态唯有大家敞开心扉，坦诚沟通，才会推动所有人一起进步！

“老王、小张，咱们干一杯，今天不醉不归……”

第三节　先体检，后诊断，经销商升级一次管用三年

过完年回归工作状态，老王两鬓的白发明显多了，城市经理这碗饭越来越不好端了……年初各大社区团购平台的强势入局让市场竞争格局变得更加扑朔迷离，一年前还是新渠道的到家电商转眼变成了传统渠道……存量做得有多优秀，改变就有多不舍。团队以往有多给力，迭代就有多艰难。

作为每一个城市市场最核心的合作伙伴，经销商需要在这轮快消营销变革中进行升级和迭代。一线城市经理除了自己进步，还要带领经销商实现市场网络的升级和迭代。

一提到经销商的升级和迭代，不少城市经理就会想到是不是要换一换经销商，或者开发更多的新经销商去做新零售、新渠道。

不是！无论是换经销商还是开发新经销商，都不应该是城市经理应付上级的硬性指标性动作。

在新零售、新形势下，城市经理应当基于本地最新的市场环境，有条、有理、有序地规划本地生意的覆盖策略，然后再去匹配相应的经销商，检核经销商，赋能经销商，必要时甚至汰换经销商。

一、先体检市场——内外结合，全面体检

为什么要体检市场？因为行业的营销环境变了，所以我们给市场做一次全面的体检。可能每位一线城市经理每年都给自己做体检，但很少有城市经理给自己的市场做体检。

很多城市经理多年拥兵一隅，本乡本土，带着一群人，跟当地经销商很熟，日复一日，年复一年，这么多年也很少有心思、有动力全面而专业地审视和诊断市场。

是时候了，一线城市经理要跳出日常经销商管理的细节，好好鸟瞰和俯视，去审视和体检你最熟悉也“最陌生”的市场。用外部和内部数据分析工具，理性客观地剖析市场数据，杜绝拍脑袋。

具体怎么看？

- 宏观数据看外部。
- 微观数据查内部。

宏观数据主要包括市场品类容量、品类趋势、品类份额、品类分销、品类单点卖力、品类购物者决策树和品类竞争品牌分析。

关于品类容量，主要看咨询公司AC尼尔森数据。当然，AC尼尔森数据主要是以省或“北上广深”超大城市为单位，不会细化到地级市。然而，省级市场的容量趋势可以直接被所属的地级市参考。

城市经理可以根据全省的品类容量数据，依据经济的百分比进行倒推；或者询问同行，该市场占全省的占比，大致推测出所在城市的品类容量情况。

品类容量往往决定着生意的上限，品类趋势则决定了生意的未来。关于品类的趋势，可以参考过往 1~3 年的数据，以渠道为维度进化划分，预测下一年度的增长预期和增量区间。

比如 ERTM 过往两年增长都在 30%，询问零售通和京喜通了解他们在下一年所在城市的增长预期约为 50%，则可以按比例推测出次年的增速预期，其他如 O2O 到家增速可能在 50%，线下大卖场、大超市可能跌 5%，批发可能跌 20%。

一线城市经理应该清晰地掌握主要渠道的增长预期，如果这笔账算不清楚，不能算是一名合格的城市经理。以前城市经理都是蒙着头做事，做到哪里算哪里，但现在不行，生意环境变复杂了，要求我们做全面的渠道体验和分析。

品类份额，也就是所谓的市场份额。你的竞争对手占比多还是你的品牌占比多？在本地线上的生意，竞争对手跑得快还是慢？线下的生意有没有被竞争对手抢夺？知己知彼才能知道有的日常动作直接影响每一个市场份额的涨跌，你对当地市场的市场份额现状必须有一笔大致的账。

品类分销，这里核心指的是权重分销和数值分销。数值分销反映分销的数量，而权重分销数值直接反映分销的质量。还有品类单点卖力，用于测算每个网点的社会销售的质量好坏，也是直接影响市场份额的重要数值。

关于品类购物者决策树，这很重要。是经销商除了日常运营、物流体系、财务体系、分销响应体系外，最能决出胜负的关键要素。通过品类购物者决策树，能够判断该经销商对当地购物者的理解和洞察能力。

比如优秀的经销商会告诉你，在当地，啤酒主要是卖给谁、在那些目标售点怎么卖的，主要是在餐饮消费还是在超市消费，如果是在超市消费主要是价格优先还是品牌优先。

比如经销日化的经销商，会告诉你市面上的牙膏 15~20 元的最好卖，薄荷口味的最好卖。如果把牙膏和牙线、漱口水放在一起，会提升多少销量。这才是真正理解本地消费者的优质经销商。

对品类购物者决策树的洞察，能真正反映每名经销商的水平，但很多经销商容易忽视这一点。

本地经销商之所以能够生存，是因为他足够了解本地市场渠道特性和消费者需求。而传统经销商老板们往往把这种能力拱手让给厂家人员代劳，慢慢被养懒了，随之问题就来了，经销商慢慢变成物流配送商，失去了对市场的主导权。

优秀的经销商会主动跟城市经理探讨生意，比如在当地市场要多推一些防脱的洗发水满足这个急速增长的品类需求。而防脱洗发水怎么推，在什么渠道推，定什么样的价格，用什么样的促销方式等细节设计都需要经销商对本地购物者进行日积月累的洞察和分析。

事实上，我们前面说的品类容量、品类份额等都只是结果。那么过程是什么？

其实，我们很少去推敲和思考如何让过程做得更好，只要过程做到位结果自然好！必须牢牢以当地购物者为中心，只有了解他们的购买决策树，对购物者完全了解才能做到完全渗透。你的选品、你的定价、你的促销、你的助销，才能组合得更加高效。

对于品类竞争品牌分析，竞争对手的网络架构是怎么划分的，他们有多少经销商并如何分工的，他们的核心爆品有哪些，分销策略是如何设计的，等等，这些都要做全面的梳理和研究。

以上很多内容很多城市经理都没有考虑过，既然**牵涉城市经销商体系的迭代和升级，必须做完这一套动作，全方位、全渠道地把市场从里到外梳理一遍。**

看完外部宏观数据，再看内部的微观数据！

因为每个厂家的情况不一样，这里只谈分析路径。首先，肯定是4P，只有一级销售数据远远不够。城市经理要深入关注二级数据，主要是两个层面：**一是经销商的出货；二是终端门店的出货。**

要进行全面体检和诊断的不是经销商，而是整个市场！这一点每位一线城市经理务必牢记。有时候，城市经理汇报本地市场生意，仅仅谈经销商的生意回顾。然而，体检市场，不是体检经销商，做几页 PPT 就可以。

经销商只是市场的一部分，城市经理要结合外部和内部各方面的数据，内外结合全面诊断，如此才能找到生意真正的痛点，从而对症下药，带领经销商实现优质分销和精准覆盖。

二、再诊断经销商——透过表面看实际

新零售、新全域，经销商面对的不仅仅是“老顽疾”，更有很多“新不适”。虽然很多经销商都在说，我不怎么会做新零售，但是回过头看看，其实很多经销商在老零售、老渠道也没做好。

什么是“老顽疾”和“新不适”?

“老顽疾”就是在传统经销时代遗留的疑难杂症；“新不适”是新零售冲击下的上车不容易。不仅拼多多不会弄，淘宝店不会开，社区团购也搞不懂，B2B 也云里雾里不明白。

对应经销商的旧问题和新困惑，一线城市经理也有两个瓶颈，即存量的瓶颈和增量的瓶颈。老零售存量提效关乎你的当下达标，新零售的增量则关乎你的未来增长。两个都要抓，但切记不能为了增量而忘了存量，本末倒置不提倡。

城市经理在诊断完市场后，要对你手上现有负责存量的经销商进行梳理，这是一个城市市场的基本盘，一名城市经理的“底仓”！梳理现有存量经销商的维度一般会从**资金实力、车辆配置、人员数量、经营意识、分销能力、推广能力**等指标着手分析，每名城市经理最好建立一套匹配未来生意发展的经销商标准画像。

对于承载未来增量的经销商体检与梳理，不仅要看现有客户的能力匹配度，更要以开放的心态审视当地市场所有的潜在合作经销商。

对此，**新的衡量标准更应该是经销商有没有配置新零售运作团队，有没有与新渠道匹配的仓配供应链体系，有没有适合到家业务和社区团购业务的分拨区等。**

三、升级一次，管用三年

结合对当地市场和经销商的全面诊断，城市经理要思考如何迭代和升级分销商体系。需要强调的是，这不是短平快的战术思考，而是基于未来 3 年甚至 5 年当地市场的长期可持续发展的策略考量和战略布局。

升级一次管用三年！每一名城市经理没有机会也没有资源对经销商网络进行年年升级。一个城市市场的网络也经不起这样的折腾，三年一次，是正常新陈代谢和合适的升级频率。

一线城市经理要跳出日常管理经销商的具体动作，从城市市场整体规划角度思考经销商网络的布局。**经销商网络的布局升级一定不是高频的决策动作，而是低频的，宁可不做，但绝不能做错！**

很多城市经理一旦有了销量压力，赶紧开发两个客户压货。至于后面，实在不行就把他们取消了，再开发两个新客户……类似这种短平快的思路，坚决杜绝，百害而无一利！

对经销商的高频开户和汰换其实就是一种变相赌博，绝对不是认真持续经营市场的心态，一线城市经理的核心策略应该是——**不管市场怎么变，分销架构和销售节奏一定要稳！**

一名城市经理和其团队负责的品牌，在一个地级市场的日常营销执行中，不可能每一步都做到最优，只要能够做到长期最优就可以了。

那么，如何布局经销商网络，保持长期最优？

哪些经销商要保持现有生意并稳步升级？

哪些经销商要扩大现有盘子并积极增长？

哪些经销商要缩小现有底盘并逐步汰换？

哪些经销商要新开逐步接管覆盖汰换客户？

第一种，需要确定哪些经销商应该保持现有生意并稳步升级。绝对不能因为新零售来了，就把所有的经销商全部汰换一遍。“维稳增长”永远是快消市场的主旋律，维稳的底盘客户占 50% 或更多是一个城市生意最安全的“护城河”。

第二种，判断哪些是可以扩大其现有盘子并能够承载未来高速增长的经销商。这些经销商往往在心态上能充分拥抱新零售，也有能力运营新渠道，对这样的经销商应全力支持他们。

鼓励他们去尝试 B2B、社区团购等新兴生意，协助他们招聘和培训新零售方面的人才，牵引并带动他们在新赛道全面实现全速增长。这类经销商在你的网络升级的生意比重未来至少要占到 30%。

第三种，确定哪些经销商要缩小现有底盘并逐步汰换。这类经销商可能思维意识跟不上了，也可能前几年也赚钱了不想再吃苦，准备安逸上岸了，同时新零售也不想学不想做了。这类经销商会被逐渐淘汰，他们的生意占比最多不能超过 20%。

逐步汰换后，谁来接盘呢？

第四种，精准开拓新经销商。每一个时代都会有一批年轻创业者，他们想赚钱、有想法、有干劲、有资金，让他们去接管第三种类型客户的辖区必将是本地市场可持续增长的新爆点和新希望。

以上便是一线城市经理管辖所在市场，对经销商架构迭代和升级的四种动作。坦率地说，面对新的市场环境，经销商网络的升级迫在眉睫。

城市经理对经销商网络的布局要应时而变、应势而变，兼顾存量提效和增量挖掘。一面抬头看路，一面埋头拉车。长期策略要坚持，短期执行也要落实。

你有多久没有看过一本营销书充实自己了？

你有多久没有把这个城市的新老渠道走一遍了？

你有多久没有去拜访县镇乡的分销客户了？

你有多久没有好好复盘最熟悉的市场了？

你有多久没有平心静气地做年度市场规划了？

行业在变，渠道在变，但每一名一线城市经理的初心不可变！

站在这座城市熟悉的一家家超市门口，老王总会想起刚入行的小王的模样，每一刻充满活力，每一天向阳而生！是的，那是成长的模样！

每个恋家的孩子，总有一天要扬起远航的风帆。每个当下市场，总要和过往的做法挥手告别。每个怀旧的老王，总该收拾心情拥抱新全域。

第四节　经销商后端支持系统的管理升级

今天业务周会的气氛有点紧张，被老王点名批评的小张很不开心，气鼓鼓的、满脸的不服气。

“王经理，上个月明明我的业绩达成是第一名，为什么我的奖金是最低的？我觉得不公平！”

“小张，你有没有回顾你的回款金额和应收账进度，现在客户资金越来越紧，随时都有关闭的风险。如果我们不帮助经销商管理好应收账，客户损失了，我们的生意难道会好吗？”

会议室的气氛继续凝固着……

经销商后端支持系统主要有两个方面：一是财务管理系统；二是供应链系统。非常重要，缺一不可！作为新零售时代的一线城市经理管理经销商已经不是传统的套路，只管卖货忽略账款和供应链的经销商管理时代已经过去了！

一、一线经销商财务管理要点

城市经理个人并没有太多的财务管理问题，主要看上下游。首先，我们要清楚一件事情，表面来看，上游厂家是城市经理的衣食父母，但实际上他们的业绩大部分是依靠经销商创造的。

上游的企业往往有一定的规模，也有自身相对成熟的财务体系，也不需要城市经理的帮助。一线城市经理的财务管理，实际上主要需要关注下游的财务状况。下游主要包括经销商和大卖场，但在大卖场城市经理一般只需要执行即可，不涉及财务管理，因为大卖场一般都是由客户管理部门来负责。所以，只有经销商的财务管理才与城市经理息息相关。

帮助经销商实现更规范的财务管理，这是广大一线城市经理财务管理的主要任务。

一线经销商财务管理有三大特点：

（1）财务管理理念相对初级化，缺乏专业性

我们要明白，全国有七八十万家经销商，像宝洁、联合利华、伊利这样的头部企业的大经销商很少，他们基本都有专业的财务管理体系。而城市经理要面对的不仅是大厂家，更多的是面对无数的中小厂家，面对的经销商也是中小型经销商占大多数。

也就是说，大部分经销商的规模不大，员工也不多，处于发展阶段。这部分经销商的财务决策者一般都是经销商老板本人，靠经验做决策，财务管理的观念简单化和便利化，怎么方便怎么来。

一方面是他们希望简单，这样管理起来更省事，也更容易被他们掌控；另一方面他们也不具备专业性去匹配复杂的财务管理体系，甚至本身对财务管理就是一知半解。他们更注重节约成本，省钱、省事、容易掌控是他们关注的重点。

管理不专业，导致应收账款居高不下。

（2）财务关系相对简单

大部分经销商的出资人不只是公司的所有者，也是公司的经营者。公司的资金基本依赖自有资金，最多是资金紧张的时候去银行贷款。因为生意规模不大，所以不存在较大的债权人。

因此，他们的经济利益关系也相对简单。

（3）财务管理权利与责任集中化

大部分中小型经销商，特别是家族企业的经销商，比如夫妻档、兄弟档、亲戚档，厂家的费用投放、货款支付或一般的财务收支，基本上是由经销商老板集中管理。

财务管理风险普遍存在。

基于以上特点难免会产生普遍存在的风险。风险产生的原因主要有四点：

一是经销商老板和财务人员的风险意识淡薄及素质不高。

在没有新零售出现之前，快消品行业的从业者或者经营者的学历都相对较低，毕竟这个行业是苦出来的。以往不需要太高的文化素质，大部分经销商的规模也不大，财务状态仍然处于手工记账或电子表格记账的程度。

过去我们总是关注大的经销商。这些经销商有专业的财务体系，也是被逼着做专业的。因为体量大了之后，会有很多来自财务和税务方面的风险。

二是市场费用代垫多，厂家核销流程周期长且复杂，应收账款管理机制不健全。

厂家核销制度，以及应收账款前、中、后期管理体制不健全，导致代垫核销流程缓慢，市场资金的投入不断增加，代垫核销的费用没有及时回笼，导致现金流受到严重影响。

再加上现在一些厂家的生意不好做，核销周期越来越长，核销的要求也越来越严格和复杂，甚至有些不负责任的厂家会有克扣和赖账的情况出现。

越是中小型经销商，越是弱势，越容易出现前端被门店压榨，后端被厂家欺负的情况。

三是存货采购管理机制不够健全。

存货和订货都是经销商老板说了算，分析、库存、选品、采购、货期的管理都不专业，导致产生滞销货，有时候甚至仓库中会有积压几年的陈年老货，影响库存周转，进而影响资金周转。

因财务管理体系不健全，很多问题有可能几年之后才能发现，严重影响财务资金流和现金流的周转。

四是财务管理不适应国家宏观环境的变化。

除此之外，宏观经济环境也会影响经销商的财务风险。因为不论经销商的规模大小，都是生存于国内的宏观经济和本地市场经济的环境中。税务政策、进出口贸易政策的调整及法律环境等，都会影响经销商的财务状况。

比如现在比较热门的海南自贸区，经销商就盯得很紧，因为很多政策的变动和升级需要经销商财务管理跟得上形势，否则很难适应，甚至会产生一些法律或税务上的漏洞对未来经营产生影响。

二、经销商财务管理如何与时俱进

第一，要树立风险意识，提升人员财务管理的素质。

组织学习专业的财务管理课程，向优秀的经销商和厂家学习并与其交流，树立风险防范意识。

加强财会队伍的建设，招聘内部财务人员时要注重资格认证，同时定期聘请外部的财务审计人员进行专业审查。

第二，推进进销存管理制度的建立。

使用专业的财务管理软件，如金蝶、管家婆等，形成智能化管理的标准动作。

很多小客户，特别是食品饮料的经销商，有些其实就是街边批发部，大多是网格化管理，有些一个月也就做十几万元，他们是手工记账。让他们花一两万元用专业的财务管理软件系统也舍不得，但是这样的客户越多，财务管理的风险就越大。

建立经销商管理制度，完善财务和采购人员的考核制度。

设计检核、监察机制，定期组织人员抽查存货和盘点。

第三，加强资金管理，细化应收账款管理机制与财务风险的防范机制。

经销商最关键的是对资金的管理，没有现金流很难维系。所以，细化应收账款管理机制和财务风险的防范机制是根本，设定信用额度、信用期限和完善考核机制。主要包括七个方面：

一是后台提醒。

经销商财务软件（或电脑文件），超期限自动提醒。

通过经销商的财务软件或电脑软件。一旦下游客户或批发商超期超限会自动提醒，而非靠人为不定期查账。

二是前台提醒。

建立电子客户档案卡，设置手机自动提醒超期超限账款。

每个客户都要制作电子档案卡，然后设置手机自动提醒。前台提醒和后台提醒的区别在于，后台是被动的，你是否主动意识到后台也要有预警系统，这是底线。

前台需要主动建立，并且要更细致，建立电子客户档案卡，然后通过电子客户打卡，就能清晰地标注和记录下游客户。比如他的信用额度、信用天数是多少，是现款、周结、月结还是实销实结，要有非常详细的电子客户档案卡。对于重点或者金额较大的客户，要主动进行严格的超期超限账款管控。

三是当日追踪异常，回款当日上看板，追踪直至收回。

对于有状况的，经销商要每日追踪。一线城市经理要提醒和督促经销商每日复盘账单。

真正能把规模做大的优秀经销商，都有一个很好的习惯，老板每天看订单。今天有 300 个订单，夜深人静的时候，他会一个人坐在台灯下再看一遍，把每个出货的价格核对一遍。

不仅是控制回款、追回款，更要追源头。出货单、发货单是一切的源头。如果发货单本身有异常，那么未来的回款存在争议或者出现异常风险的概率很大。

成功的优秀经销商往往相似，但悲剧的经销商是“各有千秋”。优秀的经销商往往有一个明显的特点，就是对账做得好。

最好的经销商，各方面都要做得很好，但经销商的底线是这盘账得自己管。每天发了多少货、价格有没有错、发货的件数和吨位有没有错都要心里有数。当你对发货单和回款单都心里有数时，那么你对整盘生意就会了如指掌，基本上经销商的生意不会太差。

四是凭据管理。

单据每天统一交财务，收款时签字办理领单，未结款的单据由财务统一管理。

凭据就是你的首款，每个发货单都要对应收货凭据，首款时签字办理领单，对于未结款的凭据，财务要统一管理。每天发出去的货都要有凭据，同时应收账款回款之后一定要交回财务办理领单，进行结算，这些凭据要由财务统一管理。

经销商老板最好每天要做三件事情：发货、收货和入账。

五是台账建立。

对账管理，保持每月与厂家、零售商的对账频率。

对于曾经在前台或后台被预警过的高风险客户，你的对账频率就不能是一个月一次，可能要半个月一次，甚至每周一次，对于高风险客户要天天盯着，这点很重要，因为他随时有可能跑路。

六是问题客户追踪。

客户超过预警天数，进入危险账款管理程序（高频率小金额、停货、司法），应急程序是停货，再不行就走司法程序。

问题客户报警机制，以及销售经理陪访收款。让经销商销售人员时刻盯着，随时准备抢货，把风险降到最低，问题客户及时报警，及时让销售经理陪访收款。

七是考核更新。

考核与业务员的奖金挂钩。

很多经销商管理混乱，有时候什么都管，有时候反而会有漏洞。他们常常会把业务员奖金和销量指标挂钩，但在回款这方面意识比较淡薄。

应收账款的回款，包括每个业务员台账的执行都要与业务员的奖金挂钩。因为回款是最重要的，甚至你的台账和回款管理，比订单管理和销量增长更重要，否则卖出去却收不回钱，没有任何意义。

第四，科学投资，分散风险。

还有一个方法可以分散风险，那就是科学地进行投资决策，利用投资组合来分散风险。首先，积极研究筹集资金的方式，寻求低成本融资方式，降低成本。

经销商募集资金的方式大多是自己家里有钱，或自己多年积累的现金。但总有资金比较紧的时候，所以在融资方式方面要寻求更低成本的渠道。银行也好，厂家也好，行业协会或者代理也好，不断在各方面寻找低成本的融资方式，降低成本。

其次，选择不同行业的投资，比如仓储物流、新零售平台、实体零售卖场、生鲜生活超市等。

选择不同行业、不同品类进行分散投资也可以降低和分散风险。比如根据市场需求寻找新的合作品牌，或者培养顺应趋势的新品类。

对于一名城市经理而言，至少 80% 的生意是靠经销商一起共创的。厂家是每名城市经理的衣食父母，但经销商也是最重要的合作伙伴。

所以，经销商的财务健康直接影响城市经理的工作状态乃至饭碗。比如一名销售人员做得好好的，突然经销商资金链断裂了，他就会很被动，很可能完不成指标，甚至可能被公司淘汰，因为销售是一个很现实的行业。

经销商财务管理的健全和与时俱进，其实是城市经理管理市场的“护城河”。经销商财务越稳健、安全，越有前瞻性，越能未雨绸缪，对于城市经理和市场发展而言，都是很好的基础。如果没有这个基础，也就不会有可持续发展的平台，经常在“救火”，这个城市市场的生意就会很难做。

作为城市经理，你要不断贡献销量和打击竞品，但如果经销商的生意总是出问题，就算得上是“后院起火”了。你的经销商由于财务管理混乱，导致经销商网络架构和经销商自身风雨飘摇，城市经理就很难做好日常生意的发展和经营管理。

三、相比财务管理，供应链管理同样关键

在新零售和新全域时代下，一线城市经理需要主动引导和推动经销商的升级。过去经销商在自己的一亩三分地做好，很少意识到自己的落后和不完善，更没有主动学习的意愿。因此，需要一线城市经理主动进行引导。

坦率地说，在每一个城市，经销商供应链体系的发展和升级决定了生意规模的上限。

关于经销商供应链体系的发展阶段，总体而言，无非是以下五个阶段。每个阶段的发展，不仅仅是来自上游品牌商对一线供应链体系升级的需求，还包括来自下游零售和自身同行竞争所带来的自发的升级。

阶段一：坐商模式。

阶段二：车销模式。

阶段三：抄单 + 自行配送模式。

阶段四：抄单 + 自行配送 + 共享物流模式。

阶段五：平台下单 + 自行配送 + 共享物流模式。

坐商模式：下游门店老板开车到经销商的批发档口或者仓库上门取货，经销商基本处于坐等上门状态。当时，电话接线员多，跟电话接线员打好招呼，下游的客户就会有很多的便利。

车销模式：经销商装满一车货沿线拜访，销售产品。经销商装了一车货，沿途拜访，周一跑东区，周二跑西区，周三跑南区。

抄单 + 自行配送模式：经销商分派业务人员进行客户拜访，手工抄取订单后传至仓库，仓库根据线路安排订单配送至客户处，隔日或一周固定周期配送。

抄单 + 自行配送 + 共享物流模式：此阶段和阶段三有相似之处，不同的是把配送成本较高的订单转给第三方物流。有些距离太远，100公里来回不够油费，怎么办？交给第三方物流公司、快递公司、城配公司、货拉拉等平台。

平台下单 + 自行配送 + 共享物流模式：平台下单分为两种：自有平台和共享平台。自有平台是经销商自建 App 下单系统，客户下单后回传至经销商订单处，在经销商配送范围内由经销商配送，不在配送范围的由第三方合作物流配送；共享平台是借助类似零售通企拍、京喜通联合仓平台进行下单，订单回传至系统，属于经销商范围的由经销商配送，不在经销商范围的由第三方物流配送。

虽然模式在不断迭代变化，但面对市场的快速变化及内部管理等诸多因素，一线经销商的供应链管理也面临着以下痛点：

一是传统经销商物流的特征：脏、乱、差、小、散，缺乏专业人才和系统管理。

大部分经销商老板都是从小作坊起家，或者是批发商起家。管理意识淡薄，规章制度不完善，而且大部分都是家族企业，管理混乱，没办法做大做强做专业。

二是物流人员考核制度不完善，考核细节不科学。

难留人、难招人、难培养人，面临三难局面。无专业考核绩效制度，不具备市场竞争力的薪酬体系，人员流失率相对严重。

三是仓库物流管理混乱，考核机制不健全。

无明确功能区划分，哪些要整箱发运，哪些是应对社区团购和O2O的打包区和拆零区。仓管考核制度不完善，考核不科学，无明确物流管理机制，造成配送效率低。

四是品牌单一，车货匹配效率低，运输成本高。

很多经销商不具备综合品类经销的话语权，导致经销商无充足的配送订单，车货匹配效率低，运输成本增加，使得收益大幅度缩水。因为无大数据支持，无数据系统支持，无合理线路规划，使得物流成本增加。

因为品牌单一，很多的路线成本是不划算的。久而久之，配送效率很低，又缺乏对物流和供应链系统数据的整体支持，没有合理的线路规划，使得整体的人效和车效及司机的效率陷入空跑、装货不满、满载率低的怪圈，容易陷入恶性循环。

四、当下经销商供应链体系的升级迫在眉睫

1. 提升人员数字化供应链专业素质

学习专业供应链线上线下课程，向城市里最优秀的经销商，或者行业里优秀的同行和厂家学习现在的供应链知识。

不仅是同行经销商和厂家，包括阿里巴巴的菜鸟物流和京东物流也在逐步开放，对于经销商物流升级的一些知识，当然可能用不起，但可以去学。

定期培训仓管、物流人员专业知识。

完善物流人员、仓库人员考核机制。

2. 建立仓储和物流专业管理制度，以及合理规划仓储和物流区域

建立专业仓储物流管理制度：包含仓库入库管理、货龄管理、员工拜访管理、终端库存管理、终端货龄管理、大日期收货，以及消化管理

制度（临期品的处理管理）等。

引用专业管理软件：ERP 系统（企业资源计划）、WCS 系统（库房控制系统）、WMS 系统（仓库管理系统）。关键是要通过专业化的管理软件，让整个供应链体系强行上系统，强行对接专业性流程和系统化。

规范仓库功能区：收货区、呼叫中心、存货区、分拣区域，规范物流配送功能区，具体车辆上面产品如何摆放等，每一个细节都要非常明确。

确认分拣方式：自动分拣、半自动化分拣、人工分拣。不同的分拣方式的差异主要体现在系统效率、分拣准确率、投资大小和灵活性上。部分线下经销商，走批发是成箱，走拼多多要拆箱，走社区团购也要拆箱。不同的分拣方式是跟着订单来的，跟着渠道来的。新零售的方式不同，分拣的形式也不同。

3. 拥抱数字化新零售和共享物流

积极拥抱零售通企拍、京喜通联合仓、代理代售模式，这些平台也在积极寻求和全国各地经销商的合作。代理代售的模式，不仅会给经销商带来下游终端的订单，更重要的是会提升和升级经销商的物流体系和物流效率，降低成本。

积极与同城物流商合作，共享物流配送，提升效率。类似本地物流高效率的互联网平台，或者本地物流供应链的本地平台。核心是如何提升物流效率，这很重要。

当然，供应链体系升级不能只是闭门造车，做完动作就不管了，关键是结果，即所有的升级是不是达到了结果。定期走访和调研市场，走近客户、零售商、批发商、社团团长、消费者，以及在终端检核供应链体系的升级是否满足消费者和下游客户的需求。

跟进一：走访调研市场，寻找满足消费者需求的产品，增加产品丰富度，提升销量，提升效率。

主动询问：你对我们的送货满意吗？ 24 小时送货，你觉得有问题吗？对于消费者，物流的包装有没有漏液或者有没有挤压，有没有破损和划擦？

对于零售商，到货是否及时，卸货的动作是否专业和标准。卸货、到货的时间是不是避开了人流高峰？是否处理了之前的旧货，把残次品给换回去了等。

不断地以消费者和下游客户的体验为核心，升级的目的不是变革，不是从人工分拣到半自动分拣就可以了。这没有意义，最终还是要走到终端。

最好的调研和监察小组，要么是经销商自己，要么成立内部审查系统，把执行者和审判者区别开来，不要又是球员又是裁判。

跟进二：监督、管理、仓储、物流各个环节，及时解决问题与完善管理体系。

跟进三：与优秀企业、厂家交流学习，不断升级完善供应链体系。

供应链体系的升级不能闭门造车，必须经常向行业学习，向优秀的企业、优秀的厂家、优秀的经销商同行学习，继而完善供应链体系。

经过详细的数据剖析，小张觉得理亏了，当着团队所有同事的面做了应收账款整改计划。老王看在眼里，明白这不是个性问题，而是一线销售团队的共性问题。

多年来，很多销售同事只顾开拓下单，不重视回款和算账，其实越是新零售时代，我们和经销商面对的渠道和客户越是多且杂，算账复杂度越来越高，这种现实压力对于厂家销售人员和经销商都是真实的和紧迫的。

老王决定从明天开始全员加班，请公司的财务主管来办事处做一场财务专项培训，说干就干。

第五章

市场管理的全面升级

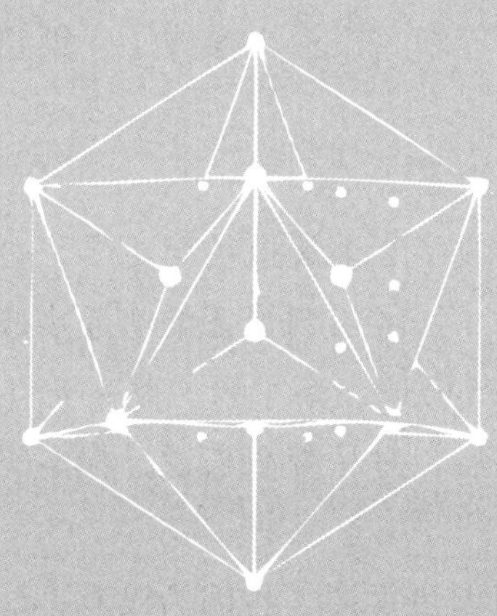

第一节 价格策略：从 3 个渠道到 8 个渠道，价格到底怎么管

今天的周例会大家讨论得特别激烈，正常一个小时可以结束的会议已经开了两个多钟头……

老王感觉到再多的争论也改变不了老问题，于是赶紧叫停："价格乱不是新问题，市场价格没有一天不乱的，大家不要只是抱怨。以前抱怨大卖场、外区窜货，现在又抱怨电商和 B2B，有完没完?"

岁岁年年人不同，年年岁岁花相似！其实，老王也清楚，价格的冲突真的是没完没了……

关于价格，一直以来都是非常敏感而且是永远存在的话题。多年来，**"价格乱"也是一线完不成销量的常规"挡箭牌"和万能"护身符"**。

以前，大卖场冲经销商，批发市场冲零售店，经销商跨区互搏……

现在更热闹了！电商、B2B、社区团购等新兴渠道也参战了，渠道越来越多，价格管理的难度越来越大。

谈起价格这件事，城市经理们的压力更大了。

如今，全域分销时代来了，3 个渠道变成了 8 个渠道甚至更多，价格到底该如何管。尤其是随着电商、ERTM、社区团购等新渠道逐步成为主流，以"爆品"作为底层经营逻辑的新渠道、新平台，从一出生"价格"就是他们引流招新、开疆拓土的利器，对品牌商来说，根本无法回避，必须积极面对。

在全域分销时代下，一线城市经理比以前更重要了！因为没有办法

像以前一样实行“中心化”——全国一盘棋，跟着总部走，奖金月月有。**现在是分销碎片化、传播碎片化，每一个区域和城市市场面临的市场环境也是碎片化的，更具独特性。**

即使是新渠道、新场景全面爆发的当下，每个城市的发展速度和质量也各不相同，千城千面。这就要求每位城市经理对本地市场价格的管理提出更高的挑战，即因势利导、因地制宜。

全域分销时代下，一个城市市场的价格策略该如何升级？无论是对企业还是对单个市场，价格永远是生命线，价格管不好，何谈生意的增长？

一、不仅要管一亩三分地，还要紧盯外部的风吹草动

快消市场是多级的，行业的商流、物流、信息流也是分层多级的，从上而下却又互相影响。

一线城市经理虽然管的是自己的一亩三分地，但价格是流动的，会受到诸多外部因素的影响。即使管好了自己的地盘，也有可能受外部影响。就像开车一样，真正的好司机，**开车不撞到人不是真正的厉害，最厉害的是能够有效防范，不被别人追尾。**

城市经理要对价格的流动规律有整体的认知，虽然外部环境的价格风向，**基层业务经理无法掌控，但总要知道外界的价盘水位，对此准确预判并防范。**只有这样，才能保护好自己的市场，为自己的“一亩三分地”谋一个太平日子。价格的层级和梯度，如图 5-1 所示。

首先，总部价格策略。在当前环境下，总部制定的价格策略，核心是要考虑最大化地规避主流渠道价格风险的存在，这是对一线基层销售团队的重要策略保护。

现在来看，乱价的来源无非有三种方式：第一，电商平台窜出来的货；第二，全国 KA 卖场倒出来的货；第三，ERTM 等新兴渠道流出来的货。

针对这三类全国性渠道，第一步便是建立价格梯度。

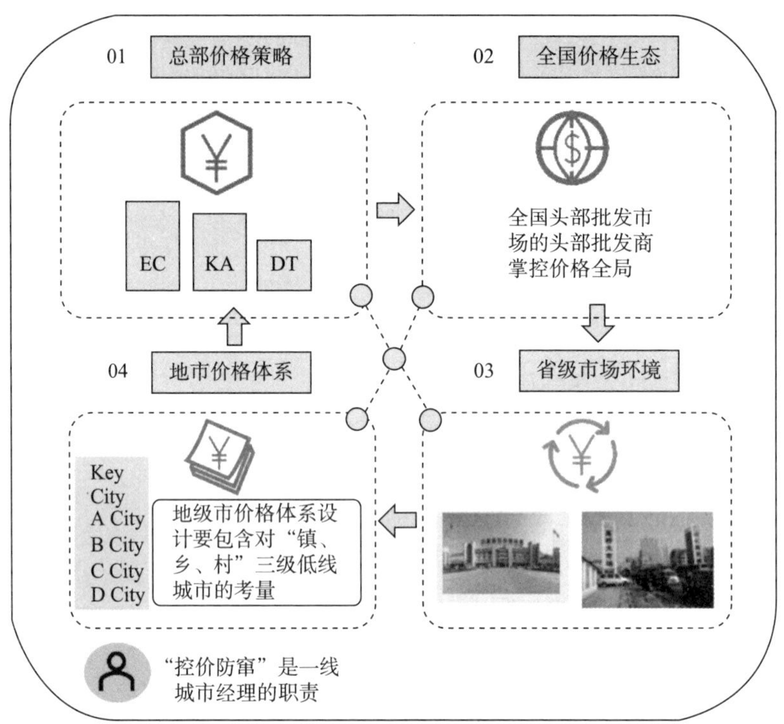

REMARK：
尽管新渠道此起彼伏，但是价格的层级和梯度从来没有改变。新零售、新渠道改变的是每个价格层级和梯度的内容，但是价格生态的分层逻辑一直在全国范围内长期存在。

图 5-1　价格的层级和梯度

品牌方打造自己的渠道竞争力，越主流越有前景的平台，越会支持更多的资源，不仅是为了抢销量，更是在抢跑道、抢流量、抢心智。

所以，EC 和 KC 得到的资源比传统经销商渠道多，但是可以采取梯度定价。假设以 100 元进货价为例，建议给电商平台 100 元，给 KA90 元，最后给传统渠道 80 元。虽然给线上电商 100 元，但会有各种电子券、活动等支持，进货价最终也会降到 80 元。KA 卖场同样如此，综合各种合同优势和促销资源，进货价最终也会逐步降到 80 元。

尽管一线城市经理无法对总部价格策略产生影响，但是要理解总部制定价格的难处和良苦用心，不能在价格问题上抱怨和懈怠，要积极地支持总部并上下同欲。对总部来说，这非常考验总部的定价功力，

一旦总部的价格设计出现漏洞，就容易造成“总部无能，累死三军”的局面。

其次，全国价格生态。即使总部定价策略到位，但还要看整个市场的价格生态。

多年前，电商尚未成为主流，各地批发商大多从KA拿货，基本不会从当地经销商那里拿货。经过十几年的演变和进化，全国主要枢纽市场（如北京、广州、临沂、常熟、长沙、郑州、西安等）已经养大了很多头部批发大户。这些头部大户之间也互相抱团互联互通，早已建立了全国性流通网络。

2015年前后，线上电商成为快消主流渠道后，头部批发商的接货渠道更多了。再加上东南西北区域的历史政策差异，可以说全国头部批发市场的头部批发商掌控着很多产品的全国价盘。这些头部批发商就是价格的风向标。一线城市经理虽然无法掌控，但要时刻留心留意。

再次，省级市场环境。全国价格生态的变化，首先波及的是省级的批发市场，通常省会城市批发市场的价格波动能直接影响该省下级各层级市场的价盘。

此时，建议城市经理最好在省级市场设置一些“眼线”，或者经常跟省级市场的城市经理、批发业代保持定期沟通，一旦有风吹草动，提前防备，防止窜货。

相对总部价格策略和全国价格生态的鞭长莫及，省级市场的价格，城市经理可以主动做到一定的预判和对应。及时掌握省级市场的价格信息是第一步，第二步是对本地与各区域的物流、商流了然于胸。城市经理要清楚地知道，不同区域之间价格差和物流费用，提前预判可能窜货的区域。

最后，落地到本地的价格体系。城市经理有较高的自主权，价格体系的设计要包含对“镇、乡、村”三级低线市场的考量。结合本地市场的具体情况，因地制宜进行设计。

纵观快消市场的定价，尽管新渠道此起彼伏，但价格的层级和梯度从来没有改变。新零售、新渠道改变的是每个价格层级和梯度的内容，但价格生态的分层逻辑一直是长期存在的。

综合来看，“控价防窜，维稳市场”是一线城市经理的重要职责。**不仅要看好自己的阵地，还要眼观六路耳听八方，及时把握价格风向。**

要明白，即使是一个小城市，价格不会完全以你的意志为主导。城市经理需要客观且理性地设计本地的价格体系。

二、“控价防窜，维稳市场”的关键抓手是什么

全国价格不可控，但落实到地方市场，城市经理要做到“主动可控”。“主动可控”，就是根据品类在不同渠道的生意占比，设立价格预警机制，如表 5-1 所示。

表 5-1　价格预警机制

渠道重要性排序	渠道名称	生意占比 /%	渠道价格特性	核心 SKU1	核心 SKU2	核心 SKU3
1	老场景 – 大店	50	本地团队的核心生意账期 + 服务不易受价格冲击	区间值	区间值	区间值
2	老场景 –BC 场	20		区间值	区间值	区间值
3	老场景 – 批发	20	批发市场价格思维 新兴渠道爆品思维 打爆品主要打价格	区间值	区间值	区间值
4	新场景 – 社区团购	10		区间值	区间值	区间值

注：对于城市经理而言，容易执行和最具有实战意义的是落实到每一个核心 SKU 的价格制定，毛利综合计算。

比如老场景 – 大店占比 50%，老场景 –BC 场占比 20%，老场景 – 批发占比 20%，新场景 – 社区团购占比 10%。大店和 BC 场是经销商、本地销售团队的核心生意，大家一般看得很紧，厂家的直营团队和经销商对上述两个渠道管控相对较严，批发商和新零售渠道对该渠道的价格冲击相对较小。

批发渠道一直都是价格思维，现金为王；社区团购是爆品思维，有爆品才有流量，两者价格都过低。因此，**结合各类渠道特征，对城市经理来说，最容易执行和最具有实战意义的是落实到每个核心 SKU，综合毛利计算，设计价格区间值。**

每个零售渠道的经营逻辑决定，不可能只有一个价格，无法做到没有弹性。简单来说，针对每个渠道，价格的底线是什么。一旦超过底线，城市经理必须进行管理。

比如老场景 – 大店的核心 SKU1 价格区间是 [105~100]，新场景 – 社区团购的核心 SKU1 价格区间是 [93~98]，超过阈值，必须第一时间和渠道沟通协调，防止伤害整个市场。

为什么要结合毛利计算？

因为城市经理有销量的 KPI，而本地经销商作为商人，更在意的是毛利高低。因此，**城市经理必须在完成销量的同时，替经销商考虑毛利的问题**。否则，只顾销量，只会把经销商拖垮。

城市经理要让经销商清楚地认识到，过去舒服赚钱的日子一去不复返。现在这么多新渠道，经销商肯定要有取舍。**不要再指望所有渠道、所有 SKU 都赚钱，生意讲究的是综合毛利，利润是一整盘棋，而不是某一个单品毛利。**城市经理在设计核心 SKU 对应的每个渠道价格区间时，必须不断通过算账让经销商明白，只有新品和高毛利产品才是未来赚钱的关键。

三、不能一味防守，更要在恰当时机发起进攻

总结来看，本地市场价格体系的运维，城市经理核心要干好六件事，如图 5–2 所示。

第一件事：省级价格环境，及时掌控风向。第二件事：城市价格体系，本地全面掌控。第三件事：本地关键渠道，关键单品监控。第四件事：本地关键客户，擒贼必先擒王。第五件事：把握涨价机会，借机优化利润。第六件事：逐步修复价格，构建健康价盘。

任何一个畅销品，都是从无人知晓的新品慢慢推起来、做起来的，逐步成为厂家和经销商的利润来源。因此，关于价格运维的前四件事，核心是在做“防御战”。**通过了解外部价格风向，掌控本地市场，抓关键渠道、关键单品、关键客户，以此延长和稳定畅销品的市场周期。**

作为一线指挥官，除了要做“防御战”，还要做“进攻战”。什么是

“进攻战”？借助企业涨价的机会，推更多新品。新品没有太多的市场参照物，不仅能满足企业利润的需求，还能满足经销商对利润的期望。一旦新品扎根本地，本地的健康价盘便会逐渐形成，双方实现共赢。

因此，作为城市经理，在全域分销时代下，面对多个分销渠道、价格策略的升级，一定要构建本地价盘的“护城河”。为每个关键渠道、关键 SKU 设立价格预警机制，紧盯“惯犯”客户。与此同时，**为了减少外部环境对本地的价格冲击，城市经理也要不断地通过新品导入，构建本地可持续盈利、可持续增长的新价盘。**

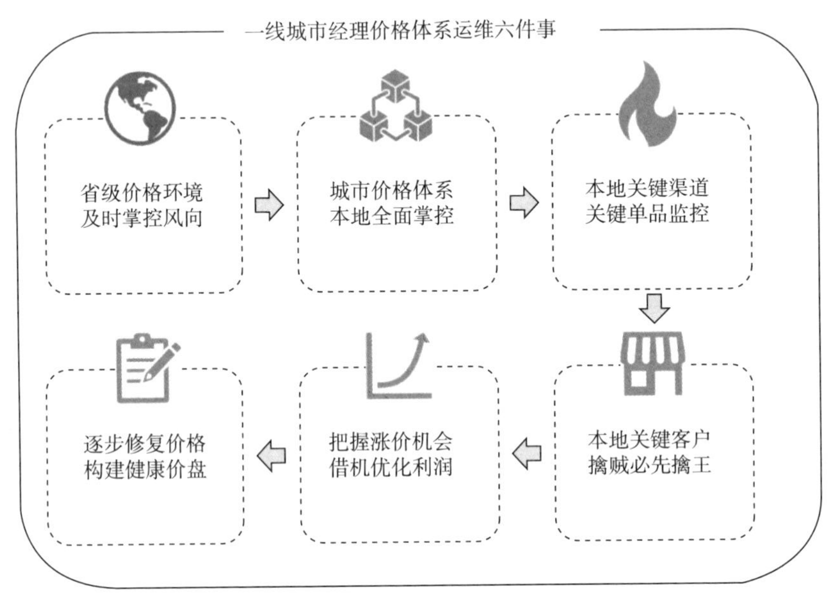

图 5-2　价格体系运维六件事

全域分销时代，更多渠道更多价格冲突，看似恐惧，实则是机会！越是新渠道兴起的当下，越是系统性解决市场顽固问题的好时机！

老王不想继续待在办公室浪费时间，带上业务员固定拜访线路图，他要深入一线，到渠道、门店找方法、找解药！

奔向车库，发动已跑十八万公里的帕萨特，车载音响尽管老旧，但放起歌来依然音质饱满——

“我还是从前那个少年，没有一丝丝改变。时间只不过是考验，种在心中信念丝毫未减……”

第二节　产品策略：卖爆品为了活着，卖新品为了未来，两手都要硬

开完晨会，老王叮嘱大家今天早上不用拜访门店，留在办事处集体观看总部直播的在线新品发布会。

在线直播间里，远在千里的总部同事们激昂地讲道：“这个新品太劲爆了，一定大卖……”

而相隔千里的老王团队看上去并没有被总部人员的热情点燃，邻座的老李蹦出一句“包装真丑”，端着热茶的小刘附和着“价格太贵”……

老王听不下去了，决定要纠正团队对于新品的错误态度，因为他明白如今的市场环境中卖爆品是为了活着，卖新品是为了未来。全域分销的新形势下，一线团队的产品策略必须升级。

谈市场营销，聊快消销售，产品策略往往是被第一个谈起的话题。多年来，培训和书本中的产品策略，一般都会给我们灌输产品的品质、包装、差异化，甚至产品生命周期等知识。

对于广大快消品行业的一线城市经理而言，那些课堂和书本里的产品策略大多都是没有抓手的概念。**产品策略对于一个公司和品牌的确重要，但是一线经理对此缺乏话语权和决策权。**

前线的城市经理和主管们，都是从月初忙到月底定期要交数的“销售民工”，生死时速两三年，哪还顾得上“产品生命周期”？能够保住自

己的“饭碗生命周期”才是他们真实的日子……

关于产品策略的升级和布局，城市经理要做的是如何在负责的一亩三分地，结合现有产品和未来产品，通过对当地市场的洞察和判断，规划和布局渠道，实现当下及未来销量的最大化，完成销售指标。

核心应围绕两点：**第一，现有产品如何精准匹配本地各个销售渠道，实现当前市场环境下的销量最大化；第二，上市新品如何布局，并在不久的将来将其培养成新的爆品，从而夯实爆品战斗群。**

在全域分销时代，渠道多了，消费者变了，业绩达成难度更大了，公司每年也在不断推陈出新，如何将新老产品线在多渠道环境下进行有效梳理和重构，将是本节着重讨论的话题。

一、如何正确理解并定位新老产品

在一个区域市场，产品分类往往有很多种，比如按规格、按口味、按价格，但是真正卖得好的往往就是那几个爆品，真正需要全力推的就是那几个新品。

卖爆品是为了活着，卖新品是为了未来。爆品卖不好，饭碗保不住；新品卖不好，未来就没增长。这是城市经理正确理解并定位新老产品的基础。**所以，产品重心可以分为两类：爆品、新品**（见表 5–2）。

当前成熟的快消品企业，大部分是多品牌、多 SKU 甚至多品类。不管产品组合多复杂，城市经理也要坚定地以爆品和新品（未来爆品）逻辑思路为基准，将产品的升级和布局落实到每个 SKU 层面，让我们的策略真正有抓手、有落地到每日完美执行的实效抓手！

1. 老产品线的梳理

围绕老产品线，一般可以分为三块：

第一，成熟核心爆品。

成熟核心爆品是本地市场生意的支柱，几个重点规格和核心 SKU 就能贡献 30%~50% 的销售收入，是每一名城市经理的命脉爆品，但是价格也最敏感，过多的倚重就意味着更多的风险。

表 5-2　把新老产品线通过爆品和新品进行梳理

产品线	属性	产品	价格	规格	口味
老产品线	成熟核心爆品	SKU1			
		SKU2			
		……			
	成长中核心爆品	SKU1			
		SKU2			
		……			
	长尾单品	SKU1			
		SKU2			
		……			
新产品线	新上市新品-中低端	SKU1			
		……			
	新上市新品-高端	SKU1			
		……			
	重新上市单品-爆品	SKU1			
		……			
	重新上市单品-长尾	SKU1			
		……			

REMARK:

一线城市经理需要对全部在销产品by SKU逐一对号入座，精确落位是一线城市经理进行产品策略升级的初步动作。

第二，成长中核心爆品。

成长中核心爆品往往是公司总部的主推方向，已经推出一段时间，销量依然不大，但已经有了未来成为爆品的潜力和苗头，是为了分担成熟爆品潜在生意风险而推出的次新爆品，建议一线的销售经理顺势而为，顺应公司品牌宣传和营销推动，打造成本地市场的第二梯队爆品。

第三，长尾单品。

除了“成熟核心爆品”和“成长中核心爆品”所涵盖的SKU外，其他都应该归为长尾单品名单，也就是相对的“慢销品”。

当前市场环境快速迭代，产品周期明显缩短，这类长尾单品未来将继续成为老渠道的累赘和负担。然而长尾单品能满足新渠道、新消费者的多元需求和差异化需求，加上价格不高的特点，更符合新场景和新零售（比如社区团购平台）。

2. 新产品线的梳理

围绕新产品线，一般可分为三块：

第一，新上市新品。

这里新上市新品可分为中低端和高端两类。这两年高端化是一个明显趋势。随着经济水平的提升，居民生活质量的持续提高，消费者对

“新、奇、特”产品的追捧，高端化产品越来越吃香。

尽管新冠肺炎疫情催生了很多“消费降级”的悲观预判，但是大多数快消品品类再高端，产品的绝对价格也是很低的。

笔者认为，高端化不会被疫情画上句号，只要是货真价实、符合消费潮流的高端新品，未来的市场不会更小而是更大。

这场疫情是一块试金石，未来头部品牌和厂家将进一步收割市场份额，以往靠裸价模式鼓励中间商赚大差价的“快高端”和“伪高端”的日子将越来越难过。

第二，重新上市爆品。

重新上市爆品是指每隔 1~3 年通过升级配方、全新包装、更多克重等形式重新上市的单品。这类新产品从严格意义上讲不是新品，而是老品的焕然新生和全新换装，这是爆品维持产品生命周期的常用方法。以前是爆品，换新装后大概率还是爆品，所以对这类产品必须进行全力推动。

第三，重新上市长尾单品。

这些就是之前卖得不好，希望通过重新上市续命甚至逆袭的产品，如果升级后重新上市仍卖得不好，就会被逐步淘汰。

以上是城市经理对新老产品线结构做的总体梳理，清楚知道每个 SKU 的定位，再匹配相应的渠道。

二、新老产品线如何匹配新老场景

1. 老场景 – 大超市

大超市即使在疫情后，仍然是人流的主要聚集地。随着疫情的逐渐结束，大超市的人流会逐渐恢复，消费也将逐步恢复。

大超市要尽全力做到全分销，**成熟爆品和成长中核心爆品肯定要卖，长尾单品在注意精简和清理的同时也要有效保持**，它们相对的低价格敏感度可以满足到家和团购的不时之需。

在新产品线中，大超市面对的是全年龄段消费者，也是本地市场最重要的品牌传播阵地之一，新产品线建议要全线导入。如果连大卖场大超市都不给新品（不管是爆品还是长尾单品）尝试的机会，那么每年推出的新品成活率就会越来越低。

2. 老场景 – 中小超市

中小超市相对大超市而言，人流量相对少一些，消费能力相对不高，货架面积相对有限。

因此，**老产品线中的长尾单品、新产品线中的新上市新品 – 高端、重新上市单品 – 长尾无须考虑。**而成熟爆品和成长中的核心爆品，则要重仓 BC 场、重仓中小超市。

3. 老场景 – 批发市场

批发市场中一般只卖爆品，包括老产品和重新上市的爆品，重新上市新品的中低端产品存在机会，可以尝试。

4. 新场景 – 线上 B2B

线上 B2B 平台目前的经营思路是爆品逻辑，尽管“拓品类宽度”是每个厂家都希望在新通路和零售通实现的突破，然而难度依然很大。

当然，我们要积极看待 ERTM 平台的数字化，互联网思维使得头部 B2B 平台擅长对终端的数据化掌控，因此成长中核心爆品可以在 B2B 平台上做培养，但是长尾单品和新品很难在短期内在 B2B 平台上真正实现突破。

5. 新场景 – 线上到家

线上到家业务面对的消费者是 25~45 岁的中坚消费力量，对互联网的接受程度很高，因此新产品线可以主推。

过去卖不好的长尾单品，因为涉及“新、奇、特”，通过新包装、配方升级可以尝试，而且到家渠道面对的目标消费者，价格敏感度不高，适合“推新卖高”。

6. 新场景 – 社区团购

社区团购的逻辑是卖爆品，无须再赘述。对新品和长尾单品，可以考虑在社区团购中尝试，社区团购推新品：一方面看社区团购平台与团长的黏性；另一方面新品还没有稳定的价盘，价格体系相对不透明。

但有一点，社区团购的 SKU 要适当与中小超市、批发商和 B2B 渠道区隔，至少做到规格上的差异。社区团购需要爆品，通过产品组合的形式，见缝插针地尝试做部分新品。

另外，成长中核心爆品不能在社区团购平台上销售，成长爆品经过前期的培养已经有了稳定的价盘，不能被社区团购打乱。

当然，产品对应匹配的渠道，并不是绝对的。品类的差异性会带来核心渠道的不同，一线城市经理需要根据自身产品组合结合现有的核心渠道进行综合考量。

三、新老产品线如何匹配不同区域

产品的布局，不仅要考虑不同渠道场景与产品的匹配度，还要充分考虑区域市场成熟度与其匹配度。

在一个地级市场，通常是由一个中心市区和若干个县城和乡镇组成。站在整盘市场的角度，城市经理务必把成熟市区做好，不仅是因为商业业态的发达程度，以及消费水平的相对优势，更重要的是，市区城区也是销售经理和团队的大本营所在地，社会资源和团队精力都是最强和最佳配置，如果连中心城区都做不好，更别谈做好县城市场了。新老产品线匹配不同区域，如表 5-3 所示。

表 5-3　新老产品线匹配不同区域

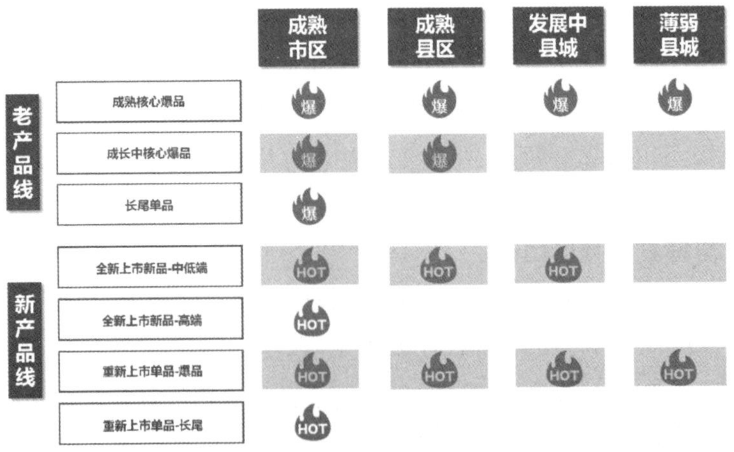

		成熟市区	成熟县区	发展中县城	薄弱县城
老产品线	成熟核心爆品	爆	爆	爆	爆
	成长中核心爆品	爆	爆		
	长尾单品	爆			
新产品线	全新上市新品-中低端	HOT	HOT	HOT	
	全新上市新品-高端	HOT			
	重新上市单品-爆品	HOT	HOT	HOT	HOT
	重新上市单品-长尾	HOT			

同时，**市区也具备“灯塔效应”，只有当产品在中心城区市场的头**

部大店和核心渠道卖出量来，才有可能辐射周边的县城和更下级的乡镇。因此，成熟爆品和核心爆品，以及所有新品都要在成熟的市区市场运作和尝试。

另外，长尾产品的重新上市也可以试一试，因为越是小地方越可以通过关系网络做团购，超市卖不好的长尾单品相对价格不敏感，反而可以多多尝试团购和特渠。

在成熟县城，新品以中低端为主，一般有消费能力的消费者基本都去市区发展，不在县城消费。因此，县城主打中低端产品，薄弱县城只卖爆品。通过爆品撬开县城的空白市场。如果爆品都无法撬开，其他产品基本没有可能。

四、全域分销时代，推新的正确观念

推新品，这个话题是快消厂家每年不变的主题。推新已是快消品厂商的常规动作。和大家一样，做快消很多年，其间推过很多新品，在深度分销时代，新品上市基本上是九死一生。

以往为数不多的成功案例无外乎新品七宗拳：

第一式“政治高度”；

第二式“精确解码”；

第三式“不压首单”；

第四式“精研二级”；

第五式“灯塔聚焦”；

第六式“波涛汹涌”；

第七式“日盯日高”。

在全域分销时代，渠道在增加，存量被蚕食，增量更分化。如今推新品的难度逐年增加，而且仔细研究会发现近年来涌现的新渠道，似乎对新品并不友好，基本是爆品的逻辑，即使这些新渠道能把新品卖起来，背后付出的成本和费用也比老渠道高。

在全域分销新背景下，一位一线城市经理推新品必须应时而变、应势而变。

· 新品上市必须吃透理解，总部和大区下达的销售手册，渠道越多机制就越多，理解要更精确。

· 新品上市也须做好线上线下，全渠道分销和动销的本地落地计划，特别是新渠道要有 1~2 套备案。

· 新品上市在做好线下门店快速精准上架外，同时要做好线上 O2O 等新渠道的云分销上架。

· 新品上市要对线上线下的首单保持谨慎心态，不要以压货为目的，而要确保补单和翻单的速度。

· 新品上市后对线上线下的所有终端要日盯日高，从上架后的第一天开始每日监控二级售出数据。

· 新品上市后每个周末积极营造售卖氛围，包括头部线下大店路演和线上直播激活社区营销。

· 新品上市第一个月便是决战月，每个零售商、经销商、平台商和渠道客户必须实现翻单进货。

· 新品上市后的每一点进步和成绩都是值得团队一起共同庆祝的小小里程碑，从而积小胜为大胜。

但是做到这些，新品就会成功吗？不一定！因为当下推新品不仅要准、要狠，更要快！**互联网时代下的新零售、新全域，一线城市经理如何有质量的“快”速推新品将非常关键。**

因为新零售、新全域分销催生和涌现了更多的渠道，更多的坑位和更快的迭代，线上线下的新品一定会越来越多，推新更迭的速度也必将越来越快！

因此，当下推新品更注重起跑！

新品起跑的速度！以快速动销为中心，根据本地市场的现实情况，全面精密规划“1-3-6 上市时速”。

“1”代表第一天就要紧盯，第一周就要动销，第一个半月就要翻单，第一个月就要打出新品在目标渠道（线上 + 线下）的声量。给经销商、零售商和渠道客户眼前一亮的信心和决心。

“3”代表第一个季度必须活下来，新品上市的前三个月如果没有足够的动销和翻单，基本就会提前进入淘汰期。

现在的市场等待新品慢慢成长的耐心几乎为零，没有零售商和渠道商愿意新品占着自己的终端货架和渠道资源慢慢地动销……

“6”代表如果一个新品度过前面六个月的生存挑战，就能延续火种。

“等死不如作死，你们对新品的这种态度就是等死，只会卖老品、卖爆品，公司要你们干吗？”

老李和小刘羞愧地低下了头，他们对自己的消极态度很自责……

趁热打铁，老王接着说：

“现在推新的确难！虽然难，但不能不做！越是难做的事情，越容易打造属于我们的生意‘护城河’！

“每一次的推新都是重构本地市场的一次良机！

“每一次的推新都是弯道赶超对手的一次良机！

“每一次的推新都是唤醒团队士气的一次良机！”

第三节 促销策略：除了执行还要思考更多、更透

今天下雨，卖场的人流很少，冷清的日化区促销员比消费者还多，从主货架到主通道地堆，满面愁容的老王已经转了好几个来回……

“王经理，这个促销机制以前每天能卖200多瓶，现在一半都不到，是不是有点疲了？”在这家超市做了7年的明星促销员阿玲问道。

“阿玲，你的观察没有错！市场环境变了，顾客的购物习惯也在变，如果我们的促销机制和策略不变，就是死路一条。”

促销就是销售经理们的命根子？

错！促销是所有人的命根子！

近年来，由于品牌碎片化和产品同质化的现象越来越凸显，在资本和互联网的助燃下，每一个主流快消品品类都处于充分竞争状态，不仅品牌之间的竞争越演越激烈，老零售与新零售的渠道竞争也是血雨腥风。

渐渐地，我们开始发现当下的促销策略面临很多“痛点”，而且这些“痛点”一般都是成串出现和互相影响的。

痛点一，来自普通消费者：早已习惯“不促不买”，导致厂家和零售商“不促不销”。

痛点二，来自终端促销员：促销就是“打折”，就是“买赠”，隔壁竞品资源总是比我们多。

痛点三，来自前线业务员：促销销量占比越来越大，每月“销售指标”就是“促销指标”。

痛点四，来自营销计划部：负责促销设计的同事已经习惯“竞品有促销，我就要跟进”。

痛点五，来自总部品牌部：促销是个好工具，促销可以帮我“买到”市场份额……

既然促销如此重要，**作为一名身处业态快速变革环境下的一线城市经理，对促销策略的升级应当高度重视并深度思考。**

快消市场环境正在以“月度”和“季度”为单位快速演变，传统的“总部到大区、大区到省区、省区到城市、城市到客户”的“传统促销设计、传导和执行”链路已经一去不复返。

碎片化加剧的渠道，迫使厂家制定促销政策策略再也不能“自上而下”，而是“本地伺服 + 本地应对”，**一线城市经理以往“执行者”的心态和角色必须转化为“决策者 + 执行者”的“地主思维”**！

目前在很多厂家内部，促销策略、内容及计划基本都是总部制定的。在这个过程中，散落在全国各地的城市经理没有参与权、制定权和决策权，唯一拥有的就是执行权。

而这个执行不应该是“盲目执行”，而是要“明白执行”，就是要知道这个促销机制除了产生销量之外还有哪些目的。比如“满 99 元送一张下次生效的 19 元电子购物券”，除了通过增加购物篮金额提升客单价，还有鼓励二次购买和激活线上会员资格的附加目的。

也许有很多一线销售经理对这些分析不屑一顾，认为只要做好销量每月交数，为什么还有分析促销机制的非销量目的呢？错！

随着新零售和新全域的持续迭代，未来“本地化营销决策”的重要性将持续凸显，每一位一线指挥官（每一位省级经理和城市经理）未来将担负更大的责任——**促销机制的从前端设计到末端执行的全程掌控和全程责任。**

因此，站在一线城市经理的角度，当下除了要关注日常的促销完美执行外，笔者认为在全域分销时代下，一线指挥官们必须主动学习、未雨绸缪，深度思考关于促销的方方面面，为未来成为真正的“职业全域城市经理”做好准备。

延续一直贯穿的新老场景逻辑，不管是新场景还是老场景，所有场景的促销策略都应该遵循以下思路：**以不同场景的生意模型和底层逻辑为基准，紧紧围绕顾客（即购物者），针对明确的促销目的，制定精确的促销机制，充分利用互联网数据、工具或平台进行高效执行，从而实现促销销量的最大化。**

一、促销指引框架，不同场景下的生意底层逻辑

促销策略升级要基于底层逻辑，如图 5-3 所示。

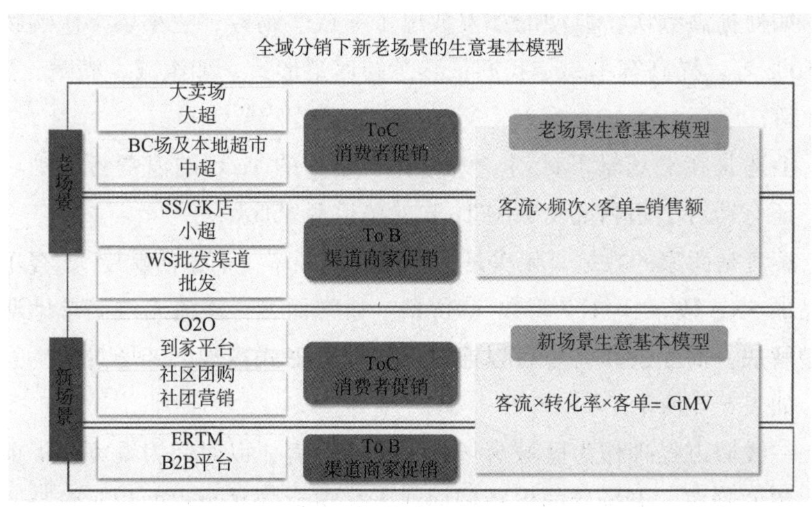

图 5-3　促销策略升级要基于生意底层逻辑

促销策略升级的背后，是基于不同场景下的生意底层逻辑。作为一线城市经理，你可能无须设计促销，但在选择促销时，必须对促销背后的生意模型有整体感知。当你没办法判断或选择时，回归生意的底层思考，做前期的甄别，至少方向不会走偏。

一线城市经理必须清晰地知道，每次促销活动的目的是什么，**即使打折做特价，也应该知道针对这个卖场，打特价的目的是什么。**有的是做客流，希望让更多的人进来；有的是提高客单价，满多少元送什么礼品，希望人们能买更多；有的是做频次，希望持续复购。如果我们把促销的形式罗列一下，说白了，就那么多玩法。但放在什么位置做促销，在什么时间节点做促销，针对什么群体做什么促销。同一种促销形式，其目的可能千差万别。**以新老场景为划分维度，围绕生意基本模型，具体看两者的差异。**

1. 老场景的生意模型：客流 × 频次 × 客单 = 销售额

在线下，当消费者进入卖场，大概率是有目的性购买。此时，当一位消费者进入日化区、饮料区，如何做好店内的引流，变成我的有效客流，而不是选择竞品是关键。当然，还有一种店外的引流，通常卖场会联合头部知名品牌进行店外引流，即通过发放促销 DM 单页、户外广告等形式引流。

如何提高频次，典型的如发放电子券或实物券，凭小票下次购物立减 10% 等。提高客单，是我们最熟悉的促销形式，如满减、满赠、满 2 送 1 等。

上述是在老场景下针对“大超和中超”的 To C 的消费者促销。另外，还有针对小超和批发下的 To B 的渠道商家促销。

客流是商家的数量，频次是商家的下单频率（商家活跃度），客单是商品的 SKU 数 × 件数 / 箱数 × 价格。通常而言，**客流无法简单地通过促销解决，而频次和客单可以通过不同促销形式实现。**老场景的生意模型，如表 5-4 所示。

一线城市经理作为区域市场的一线指挥官，以时间为维度，提前规划促销的频率。老场景的促销偏向线下，执行的复杂程度相对较高。同时，线下的促销执行，牵涉人力资源和 POSM 物料支持。因此，越下沉的渠道，促销频率相对越低，时间和精力有限，完美执行好一个促销计划远比一般执行两个促销计划有实际意义。

表 5–4　老场景的生意模型

<table>
<tr><th colspan="2">渠道类型</th><th>促销类型</th><th>月度促销频率</th><th>生意占比 /%</th></tr>
<tr><td rowspan="4">老场景</td><td>KC 卖场（大超）</td><td rowspan="3">To C
消费者促销</td><td>14 天 / 档，2 档 / 月</td><td>30</td></tr>
<tr><td>BC 场（中超）</td><td>10~14 天 / 档
2~3 档 / 月</td><td>20</td></tr>
<tr><td>SS+GK（小店）</td><td>1 档 / 月</td><td>20</td></tr>
<tr><td>批发市场</td><td>To B
渠道商家促销</td><td>1 档 / 月</td><td>20</td></tr>
</table>

根据渠道生意占比和促销执行难度，KC 卖场生意占比 30%，一般 14 天一个档期，每月规划 2 档；BC 场占比 20%，一般 10~14 天 / 档期，每月 2~3 档；小店占比 20%，因为数量多而杂，上次传达的效率，一个月一个档期；批发市场占比 10%，基本是每月 1 档。

2. 新场景的生意模型：客流 × 转化率 × 客单 =GMV

因为是在线上，消费者每天可以被触达，每天可以“进店”，但不一定是买你的商品，也可以买其他商品。因此，品牌商的核心动作是转化，当消费者进来时，如何将其变成你的客流。

在新场景，操作的关键动作是转化率和客单价。这里，无论是针对 To C 的消费者促销，还是 To B 的渠道商家促销，关键都是转化率和客单价。新场景的生意模型，如表 5–5 所示。

表 5–5　新场景的生意模型

<table>
<tr><th colspan="2">渠道类型</th><th>促销类型</th><th>月度促销频率</th><th>生意占比 /%</th></tr>
<tr><td rowspan="3">新场景</td><td>O2O 到家</td><td rowspan="2">To C
消费者促销</td><td>4 档 / 月</td><td>5</td></tr>
<tr><td>社区团购</td><td>1~2 档 / 天</td><td>2</td></tr>
<tr><td>ERTM</td><td>To B
渠道商家促销</td><td>1 档 / 月（大促）
2~3 档 / 月（平台促）</td><td>8</td></tr>
</table>

当前阶段，新场景正处于高速增长阶段，场景基本是在线上，执行的难度一般，除了设计海报、文案创意外，没有其他硬性投入，促销更加灵活。因此，促销要高频。

整体新场景，正处于流量获取期，不仅品牌方需要促销，平台也需要促销。

O2O 到家平台一般是每周一个档期，ERTM 以全国性京东新通路和阿里零售通为代表，基本上是以平台促销为主，每月 2~3 档期，以本品为主导，每月 1 个档期。社区团购当前阶段基本是以促销价格战为主，以天计算，频率很快，需要快速跟进和运维。

二、新老场景下，促销的目的、形式及执行要点

新老场景的促销策略升级地图（见表 5-6）是送给每一位一线城市经理的小锦囊。疫情期间各地各渠道一定压了很多货，很多产品也进一步临期，**在迫不及待复工复产的当下，请各位务必保持清醒的头脑！促销不是越多越好，而是越精准越好！**

表 5-6　新老场景的促销策略升级地图

新老场景促销策略升级的几个维度

			主要促销目的	**主要促销形式**	**主要执行要点**
老场景	To C 消费促销	大卖场 大超 BC场及本地 超市中超	1.保人流和引人流 2.提升单次客单	1.单品打折 2.单品买赠 3.组合促销 4.品类折	1.爆品为主，以爆带新，提升效率 2.提升购物篮金额，降库推动二级
老场景	To B 渠道商家促销	SS/GK店 小超 WS批发渠道 批发	1.提升频次 2.提升单次进货额	1.单箱折扣 2.梯度搭赠 3.套餐满减和赠品 4.陈列和执行奖励	1.增强店主和批发黏性，提高补货频次 2.拓宽产品宽度，避免过度依赖爆品
新场景	To C 消费者促销	O2O 到家平台 社区团购 社团营销	1.聚焦引流和渗透 2.提升转化 3.提升单次客单	1.聚焦引流和渗透 2.提升转化 3.提升单次客单	1.限量限价限ID 2.老带新，爆带高 3.促销单品不重复参台平台活动
新场景	To B 渠道商家促销	ERTM B2B平台	1.拓店渗透率 2.拓分销提客单	1.坎级买赠 2.套餐满减	1.主推低坎级拓店 2.爆带新，拓分销

每一次促销活动除了销量，还有更多！

特别是近两年涌现的新场景，相应的促销机制、手法和传统线下渠道完全不一样，一线城市经理需要带领团队认真学习、实际上手、精雕细刻每一个执行链路和关键动作，不要指望培训课堂的知识点，而要聚焦实操中的每个细节。

三、以 O2O 为例，促销策略如何分解到具体动作

老场景的促销，如今一线城市经理已经非常有经验了，便不再赘述。我们以 O2O 到家为例，谈谈促销策略动作的分解。

围绕着新场景下的生意模型，针对影响生意的不同指标，设定相应指标下的促销目的和主要促销机制。

针对客流指标，核心是招新或引流。招新是指新消费者的加入，引流是增加站内消费者对本品的关注。对应的主要促销形式有新人券、限时秒杀、免邮券。除了形式外，还要关注“位置”。比如在开屏或窗口位置、站内多点曝光，以及大流量爆品区域的露出等。

以 O2O 到家为例，谈谈促销策略动作的分解，如表 5-7 所示。

表 5-7　促销策略动作的分解

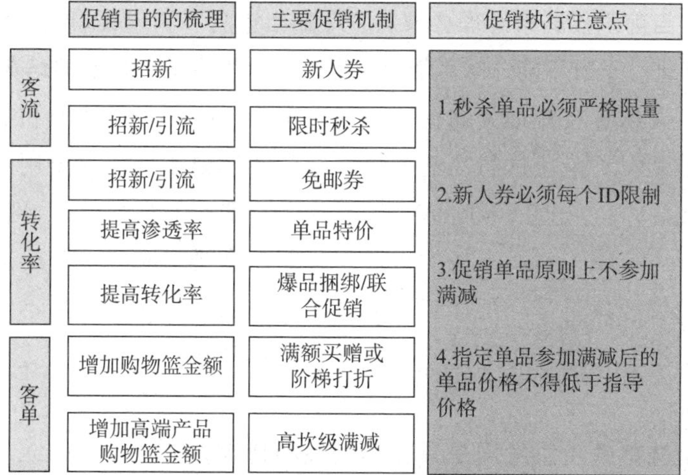

	促销目的的梳理	主要促销机制	促销执行注意点
客流	招新	新人券	1.秒杀单品必须严格限量 2.新人券必须每个ID限制 3.促销单品原则上不参加满减 4.指定单品参加满减后的单品价格不得低于指导价格
客流	招新/引流	限时秒杀	
转化率	招新/引流	免邮券	
转化率	提高渗透率	单品特价	
转化率	提高转化率	爆品捆绑/联合促销	
客单	增加购物篮金额	满额买赠或阶梯打折	
客单	增加高端产品购物篮金额	高坎级满减	

针对转化指标，核心是提高渗透率和转化率。比如与爆品捆绑、联

合促销；单品特价，以提高低渗透单品购买的转化率。

针对客单指标，核心是提高商品的购买数量，或增加品项数量，尤其是高端产品或新品。主要的形式是满额买赠或阶梯打折，以及高坎级满减等。

整体而言，当前新场景主要包括以上几种形式。因为线上是爆品的经营逻辑，促销对平台而言，是一个非常重要的武器，因此这里强调四个细节：

- **秒杀单品必须严格限量。**
- **新人券必须设置每个 ID 限制。**
- **促销单品原则上不参加满减。**
- **指定单品参加满减后的单品价格不得低于指导价格。**

结合之前新老产品线对新老场景的规划，在商品入驻的初期阶段，核心是主打爆品，主要形式是满减和特价。

在中期阶段，要将促销的资源逐步转移到成长中核心爆品和新品上，以买赠、免运券、秒杀、新人券等为形式，在提升 GMV 和渗透率的同时，适当减少对价格的直接伤害。

结合新场景的变化，从长期来看，一线城市经理最终是要回归到投资费效比上。因为这些在资本加持下的互联网新渠道，变化太快，长期无法规划，当前阶段城市经理要聚焦“爆品出销量”和“次爆品和新品做培养”的转化。千万不能一味卖爆品，而忘了对次爆品和新品的培育。

对一天到晚在外奔波的一线经理而言，用一两小时读懂和吃透以上促销基本逻辑不是一件容易的事情，然而我们要改变，不要用旧思维来应对新战局，就从理清和吃透最基本的促销基本生意逻辑开始吧。

城市经理作为一线市场的指挥官，面对多渠道时，一定要清楚促销背后的销售载体是谁，载体背后的生意逻辑如何。只有知道不同场景下的生意模型，城市经理才能有的放矢，选择什么样的促销方式，达成对应的目标。

一个城市的生意发展是具有周期性和持续性的，不能陷入“不促不销”“促销指标就是销量指标”的怪圈，要快速迭代和适应新零售、新渠道带来的促销方式和增量机会，不断学习、不断更新，当下的快消品

区域销售团队必须是高效的学习型组织，否则将被逐步淘汰。

在战壕里闻着硝烟味思考比在办公室里捧着咖啡分析更实在。

站在终端货架旁观察，和促销员深入交谈，老王觉得刚刚过去的一个小时很充实。

对于促销策略的升级，他已经想得很透彻，接下来要带领团队继续深入。

离开卖场之前，老王不忘给促销员打气："阿玲，不要泄气！我会和同事们尽快优化促销机制，让你卖货更顺畅、更带劲！"

外面的雨越下越大，老王的心中却是艳阳高照……

第四节　品牌策略：除了订单和执行，还应多点品牌思维

今天和老领导李总叙旧，老王喝得有点多，半斤白酒下肚，微醺的老王不由得感慨起来……

"李总，遥想当年在您带领下做销售，不知不觉，如今我接管这个城市的业务都快二十年了，不同以往，现在的销售真是越来越难做了……"

老领导拍了拍老王的肩，语重心长道："咱们吃快消品这碗饭其实每年都很难，然而这盘生意的本质还是'一推'和'一拉'，推力是我们销售的责任，而拉力就是品牌的力量！很多品牌的事咱不懂也不专业，但是我们必须多一些品牌思维！"

一说到品牌建设工作，很多一线城市经理会想："我们每天做订单、谈卖进、催货款、管团队、盯执行已经很累了……品牌建设与我何干？那是市场部的事，我就专心做好销售就行了！"

错！这是一个误区！

事实上，一个快消厂家的前线销售团队，在日常工作中所做的每个动作，对品牌要么是加分，要么是减分。从价格执行到广宣品，从周末活动到大型路演，从满减促销到捆绑搭赠，看似都是一线团队每日重复的执行动作，然而这些都影响着品牌的传播质量。

由于快消品行业渠道变革的日益碎片化和本地化，越来越多的新零售平台区域化、本地化、小众化的趋势越发明显，总部品牌部、市场部的工作方式和投放重心也随之逐步下沉，每个厂商的品牌投放策略也在因势而变。

从以往“全国性、重头部”逐步向“多渠道、区域化”转变，如今品牌建设距离一线销售团队不是更远了，而是更近了！总部和区域的“协同共创”将是今后品牌策略演变的主流趋势。

品牌建设是快消品公司的命脉，但往往归于一线经理“重要不紧急”的任务清单中，是时候纠正对此项工作的放松心态，要明白没有品牌便没有持久和健康的动销和成长。

在每日带领团队和经销商抓分销、抓终端的同时，如果能多一点品牌思维，你的业绩将会更高效、更良性，甚至事半功倍。

一、城市经理可利用的品牌资源有哪些

这是一个好问题！

在前线销售理解中，品牌总是遥不可及，然而却无处不在！

有的“看得见摸得着”，比如印着品牌 Logo 或者形象代言人的海报、二级陈列道具、货架贴等 POSM，每个周末关键销售日增援的品牌促销员，以及当地零售商联合的品牌冠名路演等。

有的“看得见摸不着”，比如电视广告、互联网广告、网红直播带货等。

还有的“看不见也摸不着”，比如基于大数据针对目标消费者的精准推送、社交媒体的网红种草等。

城市经理不仅要完美执行能够掌控的品牌工作（“看得见摸得着”的

部分），还要努力推动能够影响的（“看得见摸不着”的部分）工作，同时要主动了解和学习更专业的（“看不见也摸不着”的部分）内容。

清楚品牌的重要性后，我们再看到底该如何利用品牌资源，虽然我们以往对品牌的事情一知半解，但必须思考如何利用品牌带动销量，而非单纯地考虑如何利用促销推动销量。

哪些是一线城市经理可以利用的品牌资源呢？

主要是两大部分：总部品牌资源的执行和争取；本地品牌资源的低成本共创。一线城市经理可以利用的品牌资源，如图 5-4 所示。

作为一线城市经理，在品牌方面不仅仅是要懂，更要做。只有将上述的 10 件事情真正落地，整个区域市场的生意才有可能获得持续的良性发展。**针对“总部品牌资源的执行和争取”和“本地品牌资源的低成本共创”下的 10 件事，具体该如何落地呢？**

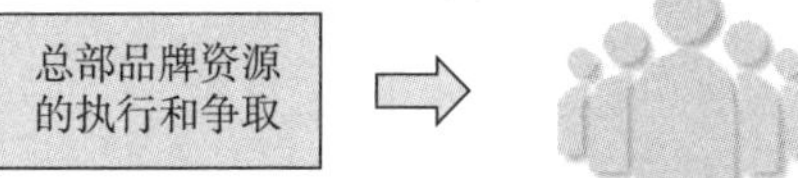

图 5-4　一线城市经理可以利用的品牌资源

二、总部品牌资源的执行和争取

1. 总部品牌资源的了解吃透

在日常沟通中，品牌部和销售部往往是割裂的，很难形成直线的有效沟通，特别是一线城市经理，职位不是特别高，回总部的时间也非常少，能够和市场品牌部的同事说上话都不容易。久而久之，一线城市经理对市场部的资源就会知之甚少。

虽然你无法跟总部有很多的沟通和接触，但起码你可以通过你的上级了解到跟你的市场相关的品牌资源，做一个有心人，列一个品牌资源清单。

举一个电视广告的例子，投放你的区域的电视广告有哪些，通过央视覆盖、卫视覆盖，还是本地电视台覆盖，你要心里有数。目的是**当你和本地的零售商和渠道商谈卖进、谈资源支持的时候就可以增加谈判砝码和提升客户信心，甚至进一步探讨资源置换的方案。**

关于总部的品牌资源清单，一般可以从三个层面理解：

一是全国性的——电视媒体广告、数字媒体广告、代言人、综艺节目赞助等。

二是区域性的——本地户外广告、本地活动赞助、本地 KOL 直播、地方 KA 卖场主题活动等。

三是手上有的——各类总部下发的 POSM 物料。

比如某个明星代言的产品，你可以将带有代言人的品牌元素投放到本地的新零售到家平台的促销页面上以促进销售，也可以做资源置换，帮助平台做引流，并帮助你做更多新品的卖进。

了解到总部在你负责的地级市场投放了 30 块电梯广告资源，你就可以跟当地的龙头零售商谈合作，在电梯广告上加上超市的 Logo，共同宣传零售商的主题活动，目的是换回免费的几十平方米地堆。

在更加碎片化和多元化的新零售、新全域行业背景下，其实总部有很多的品牌资源可以置换，但你首先得知道总部有什么。

否则，你只会卖货，整天盯着总部和大区手上的促销装有多少，赠品和小样有多少……如果城市经理只有这点眼光，只会一天到晚盯着促销资源，而不梳理品牌资源，不知道如何借力品牌推广，那么你的市场永远做不好、做不顺、做不大。

2. 总部品牌资源的极致执行

总部品牌资源或多或少都会对每个市场有部分投放，大到路演活动，小到周末临时促销员，还有本地的公交站台户外广告等。对城市经理来说，本地的品牌资源落地，你必须百分之百地完美执行。

尤其是大型活动，本身频率很低，既然这些宝贵的资源投放到你的市场，就要充分利用，**好的执行带来的资源越做越多，差的执行会导致资源越做越少。**

针对日常执行，比如执行一档零售商的主题活动，上半档是“夏日女神节”，下半档是“洁净一夏”，所有围膜、地贴、货架贴、跳跳卡、海报，这些包含品牌元素和广告的 POSM 事实上都是总部品牌部精心设计的，必须做到及时更换、精确陈列、完美执行！

这不是销售团队的日常执行吗？不！这些微不足道的细节执行其实都是品牌建设！在传播碎片化的时代，每一个终端，尤其是每个城市的头部终端，必须完美落地每一个“看得见摸得着”的品牌资源，那是最重要的品牌传播阵地。媒体太碎片化，各个城市市场头部终端的价值相比以往更大了。

除了某个活动、物料的执行外，无论是线上线下，还是站内站外，要做到全方位的整齐划一。只有整齐划一，才可能实现品牌的共振，从而推动品牌在各渠道的良性动销。

除了日常下发的各类品牌促销活动需要地面部队极致执行外，一线销售还要有“主人翁”意识，比如总部在你的城市投了 30 块地铁广告，你可以发动本地的销售队伍，在上下班时留意一下，协助总部市场部监督第三方广告公司有没有执行到位。

3. 总部品牌资源的充分借力

什么叫充分借力？**善于放大品牌资源的影响力，无风也起浪，有风浪滔天。**

哪怕品牌资源很少，也可以充分借力和造势。

比如与本地刚刚起步 O2O 平台合作，对于迫切需要头部厂家赋能引流的初创公司，你可以把总部的品牌资源与这个平台进行置换，一方面帮助他引流造势建立消费者心智；另一方面你可以得到更多的优质点位露出，并能建立先入为主的先发优势，一举多得。

公司电商部请了网红直播带货，品牌的销量和影响力双丰收。这时候，不思进取的城市经理会觉得这是电商的事情，与线下经销商渠道无关。

但是主动积极的人会把这个热点做成视频和素材，不仅可以在卖进新品时分享给本地零售商，还可以在流通订货会上展示给渠道客户，从而增强客户的信心，推动生意的增长。**眼观六路耳听八方，做个有心人，品牌资源其实很多，关键是将其嫁接本地市场。**

4. 总部品牌资源的主动争取

已有的品牌资源，充分借力；没有的品牌资源，主动创造。城市经理要尝试主动争取。

比如当地体委要联合本地零售商举办一场全民健身大赛，你可以主动跟市场部沟通，如果我们冠名可以影响多少消费者，带来多少曝光，可以换来多少本地资源，换来多少一级陈列和二级陈列等。

如果你多沟通，就会比别人多一些机会，得到更多的资源。有一个前提，你要学会用市场部同事的品牌思维思考，将心比心、设身处地以他们的 KPI 为出发点来争取资源。

事实上，各大厂家对品牌投放，基本上都是按照正态分布投放的，哪里生意大就投放到哪里，除了“北上广深”或者省会城市重点投放外，其他的地级市基本上都是均衡投放的。因为市场部不知道哪个城市做得好，哪个城市的投入产出比更高。

造成这种情况的原因主要是市场部和销售部之间的互动频率较少，加上很多城市经理本身对品牌工作一知半解，不敢问不敢说，不好意思沟通，时间一长信息沟通就断层了。但现在是全域分销时代，很多平台是本地化的，而非全国化的。

以往品牌部更多的是投放全国性客户和平台，但现在可能在某个区域一个平台就做得很大，比如福州的朴朴超市、湖南的兴盛优选。这些新场景、新渠道，品牌部其实也不太了解，投放自然很谨慎。

因此，城市经理在主动争取品牌资源的过程中一定要结合本地，让总部的品牌部觉得，你作为一线城市经理，**对本地市场不仅知道怎么卖货，还懂得跟市场部谈品牌资源的投放和落地**。这样品牌部会对你刮目相看，你只要比别人问得更多、更加专业，盯得更紧，得到的资源一定会比别人多。品牌资源多了，你的生意就会更加顺畅。

坦率地说，在各地新零售平台不断崛起的今天，**如果没有品牌资源的赋能和支持，仅仅指望传统的促销装、打价格战、广宣品这些促销资源很难将生意做起来。**

5. 总部品牌资源的信任争取

前面提到，品牌资源是越用越有。但是你越用越有的基础是——你必须得用一次成一次！

受新冠肺炎疫情的影响，大部分品类是在走下坡路，直接的体现便是各厂家营销预算持续收紧。此时，品牌资源的投放也会更加谨慎，更趋向 ROI 最大化。

城市经理要想好如何将一分钱掰成两半花，利用现有资源，共创新增资源，实现销量目标和品牌部建设目标的双赢。信任账户，用一次成一次，建立你在市场部的口碑。别人对你和团队越信任，你所管辖的市场得到的资源也会越多。

如何建立初始的信任呢？先从最基本的每日执行开始吧！每一张海报、每一个地贴、每一个堆头、每一次主题活动、每一次品牌路演都要极致执行、完美执行。完美的过程加上完美的销量结果，这是你和团队执行力的最好背书，有了这个背书向总部市场部申请额外的品牌资源就会更加顺畅。

全域分销时代下的品牌策略升级，不只是总部的品牌，更多的是本地品牌的升级。

三、本地品牌资源的低成本共创

1. 与零售商共创本地品牌资源

作为本地市场的领军人物，与本地零售商共创本地品牌资源非常重要，尤其是针对头部终端。

这些本地的连锁零售商最大的痛点是什么？显然，他们缺乏对新零售方面的实践和探索。

作为一线城市经理，你可以清楚地知道公司在全国卖场或全国性新零售平台的优秀经验，嫁接全国经验到本地市场，帮助本地零售商打造到家品牌，建立起本地消费者对该零售商品牌的购物心智。

比如某全国到家平台的会员日事实上已经成为一个品牌。一线城市经理可以借鉴这个全国平台的合作经验帮助本地零售商打造“周末大牌日”，逐步在本地消费者心目中建立到家品牌。

为了让该零售商在其所覆盖的百万消费者心目中建立“周末大牌日”心智，不仅有促销，还有秒杀、免券、引流等活动。在这个过程中，你和团队协助客户梳理流程、打通链路都有助于建立品牌的先发优势，提前抢占赛道。

在全域分销时代，新场景、新渠道的出现便意味着机会。以前你在老场景、老渠道下可能是一个跟随者，但把握住新渠道，你很有可能是一个领跑者，市场竞争的格局也会被逐步影响。

作为一名城市经理，如果你只是用老场景的思路，还是以前的 4P 打法，没有品牌思维，就没办法引领本地零售商去进步、去升级、去迭代，便获得不了更多零售商的支持。

2. 经销商的品牌建设思维

坦率地说，当下的经销商的生存越来越难。经销商的角色在未来是否被取代，关键是看经销商在整个生意链路中是否能持续创造价值。如果经销商只是搬运工，那一定会被消灭。经销商要想有价值，要想长久发展，必然要走向价值思维，拥抱品牌思维。

老一代经销商是“毛利思维”，就是如何获取更多订单，如何赚更多钱！

新一代经销商是“价值思维”，就是如何获取更多人流，如何才能值钱！

在这里，经销商的品牌建设思维分两个维度：

第一，经销商必须学会建立自己的品牌思维，无论是面向小 B 端的分销平台，还是面向消费者 C 端（C 端代表 Consumer，消费者）的动销平台。

第二，经销商必须有品牌建设思维，即和上游头部厂家共同维护品牌、建设品牌和发展品牌。

一线城市经理要尝试帮助经销商成长，帮助经销商建立未来不可或缺的渠道价值，树立品牌思维。通过分享其他城市优秀经销商的转型升级经验，复制到本地经销商身上，带领他们建设自己的品牌，进一步带动厂家品牌在本地市场的可持续增长。

3. 本地化和低成本是关键

城市经理是做销售的，手上的钱也不多，通常只有促销资源。谈及品牌资源，更多的是借力打力和本地共创！

借谁的力？借总部和全国的力！如何共创？联合本地经销商和零售商一起建设品牌！

关于本地化，比如厦门博饼节是其他市场没有的，有些城市初一、十五固定赶集，有些城市有多个超 10 万人的大厂，有规模很大的大学城等。每个地方都不一样，作为地方城市经理，你最有发言权。

你可以将本地市场的特色和洞察传递给总部、传递给经销商、零售商，三位一体，整合资源，因地制宜地把品牌资源落地到本地市场。**做一个有心人和主动者，阶段性地有重点地推品牌，而不是一味地跟着全国一个路子走，全国资源虽然有用，但不够本地化，效果难免打折扣。**

关于低成本，一名城市经理必须想着如何帮助经销商省钱，如何帮领导省钱，如何把总部资源的一分钱掰成两半花，把生意做起来。

4. 不做铁打营盘中的流水销售

在一个城市市场做品牌不能有短期思想，必须有长期思维。很多时候，一线销售团队为了每月的业绩达标，做了很多揠苗助长的事情，短期看是完成了销量，但是伤害了品牌。**品牌指标跟销售指标不一样，销售指标每个月都要交数，品牌建设往往看不见摸不着，而且数据是不完整的，这使得衡量一个城市市场的品牌发展很难。**我们要做的是从大处着眼，从小事做起。

比如一个赠品的捆绑看上去非常简单，其实关乎这个品牌的形象。有的人用胶带捆绑，有的人用心上淘宝采购精美的锁扣来捆绑，同样是买一送一，同样的机制，但效果却有天壤之别。在消费者的眼中，一个是过期品清仓，一个是连带促销尝试新品。

一线销售队伍执行的每一个细节，小到每一个终端执行动作，大到一个大型主题性路演。每一个动作，都在为品牌要么加分，要么减分。因为消费者对品牌的认知是日积月累和潜移默化的，这个市场上所有的动作都对此有影响。因此，品牌一定是要有长期运维的理念，在日常执行中做好每一个细节是每一位一线销售人员的本分。

如果城市经理不注重这些，以销量为王寅吃卯粮，往往会提前透支品牌资产。城市经理虽然没有关于品牌建设的硬性要求，但有高度责任心的城市经理，有品牌思维的一线指挥官，生意会做得更高效，业绩也会做得更持久，增长也会更健康。

不要做铁打的营盘中的流水销售，城市经理要有长期布局，哪怕你在某个城市只做一年、两年，人可以走，但品牌走不了，请呵护你的品牌。

5. 城市经理是本地的首席品牌官

虽然没有这个实名，但要有这个概念。以往是没有这个思维的，当我们意识到品牌的重要性时，便能清楚地明白，城市经理不仅仅是本地的首席运营官、销售官，还是品牌官。

公司的品牌在本地市场上所有的呈现、展示、声誉很大程度上来自你和团队的共同努力，这是每日执行的结果。要么加分，要么减分，没有折中的选项。

作为一名城市市场首席品牌官，你要深入理解公司品牌的品牌主张和资源清单，结合本地市场的特点和规律，引导和推动公司每一项品牌资源的解码和落地，围绕经销商、零售商及平台商，构建良性的生意增长和品牌建设体系。**学会用品牌思维打造你的生意布局，这样才能真正建立生意的永续力。**

四、品牌是基础，分销是关键，决胜在终端

当下新零售、新全域变化频、迭代快，很多在传统分销时代认为绝

对正确的事情到了全域分销时代就被推翻了。特别是对于新渠道的营销认知不仅仅是在原有基础上打补丁做优化，还要截然相反。要记住新零售和新全域的变革不仅仅是对一线产品、分销、价格和促销的颠覆，品牌策略的本土化升级和再造也至关重要。

回到原点：品牌是基础，分销是关键，决胜在终端。

很多城市经理将 99% 的时间和精力用在了后面两句话上，很容易忽略“品牌是基础”。尽管你意识不到或者摸不到，觉得它虚无缥缈，远在天边，远在总部，遥不可及，但品牌真的是基础。退一万步说，你可以不提升品牌，但千万不要伤害品牌。

相信在全新的全域分销时代，随着本地新零售的不断发展进步，基于本地购物者和消费者的心智建设，以及衍生而来的品牌建设，将会越来越重要。

同样，对本地的品牌建设任务也会越来越迫切，每名城市经理的工作要求越来越细，只有做细才能更强。基于本地市场的建设，城市经理的角色只会越来越重要，不仅要做 4P，还要思考品牌这件事。

酒逢知己千杯少，今晚和老领导已经干掉了两斤白酒，老王的话匣子完全打开了……

“李总，您说得太对了！品牌就是咱们做快消品销售的基础，以前总觉得品牌是市场部的事情，和我们平时抓执行、拿订单距离太远，今天您给我提了个醒，我和团队不仅要对销售业绩负责，还要对本地市场的品牌建设有担当！”

“老王，加油！咱继续喝！人生短短几个秋，不醉不罢休……”

“人生短短几个秋？人生短短急个啥！脚踏实地，长期主义，我就是首席品牌官！”

附录　新冠肺炎疫情下快消人的思考和未来面对极端情况的应对之策[①]

一、新冠肺炎疫情下，城市经理复工关键动作分解指南

2020 年 2 月 10 日全面复工，即将回到熟悉的工作环境，却要面对完全不熟悉的市场状况！

市场遭受的影响和创伤与新冠肺炎病毒一样，让每一位销售人员措手不及，然而我们必须理清思路，积极面对复工后全新的挑战和机会。

综合客户营销的会议笔记、各位销售经理的每日简报，以及客户的电话访谈，我花了几个小时整理了一份《前线城市经理复工指引》，从城市经理的角度切入，希望能够给每一位同事以参考和指引。

复工指引分为三大部分：

第一部分：认清严峻形势。

第二部分：复工关键动作。

第三部分：持续关注调整。

第一部分：认清严峻形势

综合各方面的信息和思考，总结了对我们生意的三大不利、三大不确定和三大机会，如图 1 所示。

---

① 这是参考性文章，是一篇有年代感的文章。因为 2020 年春节新冠肺炎疫情是百年不遇的，也是值得被记录的一段特殊营销时期，这篇文章是当时应对紧急“黑天鹅”事件的对策。

突如其来的新冠肺炎疫情打乱了正常的生意节奏！由于疫情蔓延和政府对策都发生在春节假期（大年初二开始），让我们措手不及！面对错综复杂且海量多频的内外部疫情信息，作为销售团队的头狼，我们需要整理、分析和筛选，帮团队整理思路！从众多的不利影响、有利时机及未来的不确定因素中，整理出以下重要影响：

三大不利	三大不确定	三大机会
1.大部分零售客户二月份海报取消，直接影响达成	1.终端门店人流何时恢复？没有人流就没有二级动销	1.三八档期目前没有被通知取消，推动二批商挽回损失
2.零售门店品类重心转移到生鲜和消毒除菌	2.物流何时恢复正常？物流能否应对可能出现的消费井喷	2.零售商到家平台（包括本地平台）和ERTM的显性机会
3.库存压力创历史新高，在仓和在店库存已全面积压	3.未来疫情缓解后，如何应对更激烈甚至惨烈的竞争	3.未来除菌消费品类和团购渠道巨大机会，UL新品匹配

图 1　三大不利、三大不确定和三大机会

我们无法预估疫情的发展，然而专家给出了疫情拐点的大概时间，这对快消品销售人员而言是好消息，这意味着我们依然能够拥有一个完整的 3 月。

通过 3 月我们依然有机会弥补 2 月份的一级订单和二级动销的短缺。如果疫情延续到 3 月中旬甚至 3 月底，情况就会更加严峻。

认清严峻形势是为了进一步聚焦解决确定的三大不利，并抓住确定的三大机会，通过持续作用力来应对不确定的三大未来影响因素。

第二部分：复工关键动作

重要提醒： 21 个复工关键动作是一个指引，不是指令！在这场天灾面前，一切动作都必须以安全为先！大灾面前，务必谨慎低调，拒绝激进销售，一旦你或者你的团队在复工后被感染，那就是人命关天的大事情！切记！切记！

越是非常时期，指引越要非常直接，复工关键动作分解如图 2 所示。

1. 团队重启，包含 7 个分解动作

动作一：个人重启

作为一名城市经理，平日带兵打仗就是前线的指挥官，指挥官的心态和精气神决定着一个团队的士气高低。在疫情面前，你在复工后首先要做到自我重启！

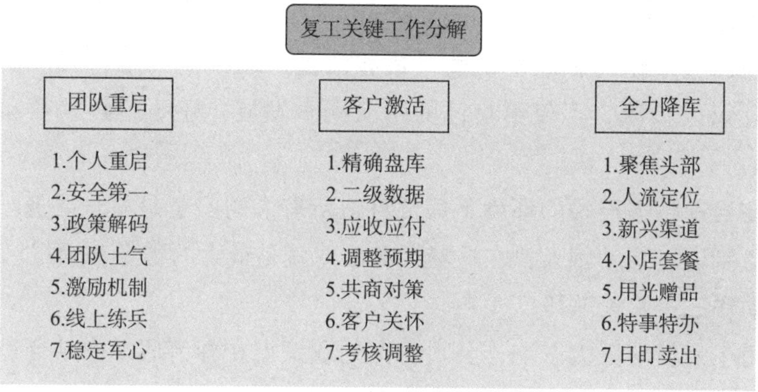

复工关键工作分解

团队重启	客户激活	全力降库
1.个人重启	1.精确盘库	1.聚焦头部
2.安全第一	2.二级数据	2.人流定位
3.政策解码	3.应收应付	3.新兴渠道
4.团队士气	4.调整预期	4.小店套餐
5.激励机制	5.共商对策	5.用光赠品
6.线上练兵	6.客户关怀	6.特事特办
7.稳定军心	7.考核调整	7.日盯卖出

图 2 复工关键动作分解

重启有两个层面：**复工前和复工后。**

复工前的某一天（最好非工作日 2 月 8 日或 9 日），让自己安静独处一段时间，整理一遍邮件和工作笔记，把过往一年的得失做全面的梳理，并对年后的重要事项进行再确认和再思考，其实年前很多的待办事项不会因为新冠肺炎疫情而发生改变！

年前没有完成的经销商开设、没有执行达标的新品分销上架、没有达成的重点单品价格执行……

复工后的第一天，你可以直接感受到新冠肺炎疫情对生意的影响，请保持冷静！通过客观分析数据、积极讨论交谈、总部品类沟通等形式让自己充分接收市场的全方位信息，然后结合复工前深度思考的结果，萃取并整理出复工后的重点工作安排。

个人重启是对自己负责，更是对团队负责，以更加积极的心态和状态面对全新的挑战。

动作二：安全第一

疫情就是战场，战场上的子弹不长眼睛，疫情中的病毒同样不长眼睛！我们要敬畏生命，要坚持公司的安全原则，充分执行公司对此次疫情的防疫通知，只有先保证自己和家人的安全，才能进一步保证团队的安全。

复工后对于促销计划和执行工作的设计和安排要充分考虑安全因素，确保团队健康！

各位城市经理多准备一些口罩和消毒用品，复工第一天不要发红包，建议发口罩，不仅给自己的团队同事发放，还要给经销商和客户发放。

在当前疫情严峻的环境下保证身边所有人的安全是第一要务！人人都关心别人、帮助别人，在这场天灾面前就是最大的善举和福报。

动作三：政策解码

由于疫情的巨大影响，公司总部的政策也在春节假期中结合疫情的发展持续调整，因此相比年前，很多促销机制、资源分配、渠道重点和新品计划都有了很大的改变！

复工之后，作为指挥官的你首先要把更新后的政策和机制全部读透、理解透，只有100%通透理解，你才能精确地向下传达。

保证信息真正被一线的DSR和理货员理解和掌握。疫情之后的复工，你需要掌握的不仅仅是以往惯常的品类促销信息，还有更加重要的防疫政策，切记，两个方面的政策机制都要掌握。

切忌复工之后，只顾忙紧急的事情，而忽略了机制的变化和调整，错误的传达和沟通只会让局势更加混乱，疫情已经让你和团队困扰了，请不要再让信息沟通存在歧义和错误。

对于政策方面有任何不理解的部分，请第一时间联系区域或者总部的相关同事，不要不懂装懂或者选择性忽略，这都是懒政、不作为和乱作为！

动作四：团队士气

对于销售经理而言，**和疫情同样可怕的是团队士气低迷**！这场疫情不仅让零售门店的人流没了，还给销售运作造成了巨大影响。

比如物流送不出货，仓库不让聚集收货，促销员不能上班，很多门店元宵节后不开张，等等。在这个特殊时期，最怕团队中散布和蔓延“疫情心态”，团队内部以疫情为理由互相“比烂”和“斗惨”。

笔者相信，疫情之后，一定有一批有能力、有冲劲的城市经理依然能够实现正增长，甚至高增长！

复工后，作为城市经理和团队的大家长，你要帮团队客观地分析生意现状，积极明确地指引工作路径和动作分解，在第一天就要站在复工的最前线，树立标杆，上行下效！

在复工后的前几天最好紧盯每一位下属的工作效率，确保团队成员外在复工和心理复工的完全双复工。

动作五：激励机制

在疫情环境下，要让团队士气高昂，只靠精神层面是无法维系的，我们要充分考虑团队同事在疫情依然存在的情况下全勤上班的可贵之处。在未来一个阶段，管理团队的方式要倾向正激励，减少负激励。在征得公司和客户同意和确认的前提下，出台特殊时期的特殊激励机制。

动作六：线上练兵

在家办公，相比日常的办公环境和节奏，我们其实有很多空闲时间，趁着大多数客户和门店没有上班的时机，我们应该尝试和鼓励线上学习和线上练兵。

学习什么？平时你想学却静不下心去学，明知道要学要补短板但是苦于没有很好的途径，可以利用这段时间充分学习。

笔者相信所有人都已经意识到了到家业务和 ERTM 的重要性，最大的受益渠道应该是 O2O 到家渠道，以及完成订单数字化的 ERTM 渠道。

如果说 2015 年的“双十一”真正宣告了“2C”电商（淘宝、天猫和京东等）的完全崛起，那么 2020 年春节的疫情更加推动了零售 O2O 到家平台的快速发展，这时候不学习，难道等着落伍吗？

动作七：稳定军心

每年春节长假后都会有一波离职潮，去年的年终奖拿完了，想换个环境从而任性一跳的情况很多，经过疫情导致的漫长假期后，笔者预估基层的离职风险会更高。

复工后，各位城市经理需要留心每一位下属，特别是高流失可能性的员工。在疫情面前，保持团队稳定非常重要，不仅是你的团队要稳定，还要引导你的经销商客户老板关心后勤和业务，只有军心稳定，我们才能共克时艰！

2. 客户激活，包含 7 个分解动作

动作一：精确盘库

复工后要全面梳理和盘点两个库存——经销商在仓库存和门店在店库存，并对库存每个 SKU 进行全面盘库，大积压单品要重点预警。为了避免聚集盘点，防范疫情，对于盘点要有预防措施！

对于已经开工的经销商，我们可以采用单人盘点和复盘的方式，减少人员交叉；对于下游的货架库存和门店在仓库存，我们可以通过电话和微信进行数据收集。

对于帮助收集库存数据的经销商同事和客户伙伴，我们要表示感谢！

动作二：二级数据

尽管 2020 年 1 月，特别是最后一周的二级动销比往年慢，但是依然要客观和细致的直面，直面问题是解决问题的第一步！

尽量以门店提供的 POS 数据为依据，对品类、品牌、品项进行排序，在整体低迷的情况下找出动销相对比较快的 SKU，进行及时补单。对于动销排名相对靠前的高产门店，我们要更加重视，因为这是下一步全力清库的前提，我们必须在最重要的门店完成最大数量的库存消化，因为在疫情影响下都能卖货的门店一定值得反复推动！

动作三：应收应付

疫情导致门店动销缓慢，势必会进一步影响门店的应收回款，往年 CNY 的货款本来就拖得时间长，这次门店大概率会以疫情为理由进一步拖延。**我们必须在复工后加强对账工作，最起码要确保账目清晰，不存在异议。**

当然，门店应收账款的关键在于动销，因此在第三部分笔者足足归纳了七个动作进行降库分解，因为笔者始终相信——**快消品的生死线就是动销！除了动销一切都是过程。**

动作四：调整预期

2020 年春节假期结束后，负责经销商的城市经理必须重视这个动作！你要非常坦诚和客观地和经销商老板交流，明确一个现实——2020 年注定和往年不一样，不正常的年份不能指望和期盼得到正常的投资回报率！

我们要做好少赚钱甚至不赚钱的打算，毕竟2020年的环境和形势是厂家和客户无法预见和控制的。对于这次疫情，作为厂家代表人的当地经销商，要以品牌发展为首要方向，配合厂家共克时艰！

对于2月的高库存必须快速清理，但是经销商不能等、靠、要！一定要主动配合厂商业务团队快速地清理和降库，牺牲毛利和贡献毛利去争取一个健康的成长利基是第一要务，所以经销商必须放下盈利预期，配合降库，将销量的损失降到最低！

好话说完了，坏话也要说："今年大区经销商将实行省级末位淘汰制度，我相信一定不会是你，你要加油！"

动作五：共商对策

端正了思想，有了实际和合理的生意预期，我们就要和经销商坐下来谈细节、谈对策！要确认拿出多少资源和利润来采买赠品、分担多少额外的促销折扣和渠道奖励，要增加多少临时导购推动下游门店的二级动销……

动作六：客户关怀

每年春节后复工，我们都要第一时间拜访客户。2020年要在确保防疫安全的情况下，哪怕是用电话拜访也要务必送达第一声祝福给经销商伙伴。

复工后，各位城市经理有必要协同经销商老板或者运作经理及时给下游的重点零售商和批发商拜年和问候，管理KC的销售人员要第一时间向采购和主管表达新年的祝福，并设身处地地帮助下游零售客户解决现实问题，比如他们此时最关心O2O到家业务的开展，你就要带上我们对于到家平台的政策和思路，帮客户就是帮自己。

动作七：考核调整

在疫情面前，经销商各级工作人员的考核机制和考核标的也要相应向上调整，让经销商明白这个时候是稳定军心的关键时期，只有稳定和积极的团队才能有高效率的执行和落地。非常时期，城市经理要影响和说服经销商加大对自己团队的激励，毕竟生意需要双方团队日复一日的密切合作！

3. 全力降库，包含 7 个分解动作

动作一：聚焦头部

最关键的降库工作必须聚焦头部门店，但是受疫情的影响，如何实现“非接触型动销”和“少接触型动销”，也就是在不用促销员推销的情况下，如何实现二级的自然动销，这是快消品销售一直无法解决的难题。

如果疫情在 2 月底得到大面积控制，并出现显性拐点，那么可以预见在 3 月初或者 3 月中旬，头部门店将出现井喷式消费，甚至可以定义为长期憋闷在家后被完全释放的“报复性消费”，如果能够幸运地看到这个场景，那么随之而来的就是超级激烈甚至惨烈的终端各厂家的扎堆竞争，不进一步延展……

记住！大灾当前，我们要尽可能在减少各级人员接触消费者的前提下满足消费者的需求！

动作二：人流定位

这个春节，笔者身边的超市除了全国性 KC 依然营业外，很多小超市都关闭了，即使营业的 KC 大卖场也是人流稀少。

然而，笔者的家人每天都会去菜市场买菜，得知现在菜市场的消费人流是最大的，毕竟蔬菜和生鲜无法长时间储存，消费者每天都需要出门买菜，即使疫情再严重，大家对于新鲜蔬菜的需求也是无法被抑制的。这就是人流聚集的地方！

复工后，每一位城市经理可以分析一下当地的人流去向，进行精准的人流定位，从而实现进一步降库的目的。我们以往也做过很多菜市场的早市小路演，在菜市场很容易售卖洗衣产品，因为目标购物者完全一致。

各位城市经理可以顺着笔者的思路延伸下去，毕竟有些人流聚集地是适合降库售卖的，而且成本并不高，当然还是那句话——安全第一！

动作三：新兴渠道

最显著的是 O2O 到家平台！不仅仅是京东到家这类全国性平台，RKC 类似步步高 Better 购等区域零售平台，还有本地 O2O 平台（比如福建的朴朴），越来越多的到家平台在这轮疫情中得到了几何级增长！

ERTM 风头不及 O2O 的原因在于很多小店没有开门，随着小店店主陆续回归复工，ERTM 的订单会先于大卖场恢复到正常状态，而且购物

者相对忠诚和高频。

政府和企事业团购的需求也会得到提升，未来团购渠道的生意将越来越大，以往我们对于得力等全国平台介入不多，未来不仅仅是全国性平台，本地政府采购也将越来越多，希望各地的城市经理安排人力、加强配备，可以用“特种兵”的方式，平时就是正常工作，周末和兼职担当“团购尖兵”。

同时，社区团购也在各地越来越成熟，各地对接的人员必须打磨出一套标准化的作业系统，使每一个小平台茁壮成长。

在复工后，我们要尝试多和政府、厂矿、企事业单位、小区物业合作，很多小区物业都已经送货上门，这都是机会，关键在于你的用心和行动。

动作四：小店套餐

很显然，零售通和新通路无法全面覆盖所有的小店！即使在正常情况下，小店的分销依然是每个经销商必须倚重的利润来源，复工后要加强小店套餐的卖进，尽快帮助小店店主恢复目标品类的经营。复工后的小店套餐将是库存消化的一大利器，不容小觑。

动作五：用光赠品

库存金额达到历史最高点，笔者相信经销商和你一样焦急，这时候请用光仓库里的每一个赠品，把子弹打光，现在不打什么时候打？

以往各地赠品的使用效率和效果参差不齐，归根结底还是没有责任心和缺乏监管，复工后请和经销商老板一起把所有的赠品、广宣品、小货架等可以用得上的资源调动起来，在疫情好转后投入终端，为未来每一场血雨腥风的终端鏖战多贡献一点子弹！

动作六：特事特办

复工之后，如果你发现即使打光子弹也是杯水车薪，可调用的赠品和 POSM 资源实在有限，那么请立即向你的经销商寻求火力支持！

非常时期非常对策，疫情下的特殊清库战役，需要经销商的特殊支持，即使牺牲毛利也要确保二级动销和库存健康。

其实，我们一直要求经销商要降低每年的 Q1 毛利预期，毕竟每一个 Q1 都必须快速流转以抢得“开门红”的先机，2020 年的 Q1 遭遇 18

年未遇的新冠肺炎疫情，此时的经销商伙伴必须和我们一心共度时艰。

动作七：日盯卖出

快消品销售团队能否成功，关键在于整个执行过程中是否有多余动作？

如果没有或者很少，整个执行就无限接近成功。

对于降库整个链路而言，最关键的就是门店终端售出的环节，所有的前期运作、准备和执行都是为了售出最后一个动作。

在前面详细叙述了20个关键动作之后，第21个动作其实最简单，就是日盯！当一个考核指标一旦实行日盯（Daily Tracking），这个指标在销售团队中的重视度将至关重要。这是在新冠肺炎疫情下，笔者对南区每一位一线经理期望的21条复工军规，希望引起重视，上下同欲，共克时艰！

第三部分：持续关注调整

疫情还在继续，没有人能够精确预测何时终结，所以要持续关注，紧扣疫情的发展和市场竞争的演变，并及时调整对策，在最艰难的环境下努力取得最好的结果。

大家试想一下，一旦疫情接近尾声或结束，“报复性”消费井喷是极有可能发生的大概率事件，请问到那个时候我们的货提前准备好了吗？我们的经销商外勤和后勤都在岗吗？我们的促销赠品足够应付汹涌的人流吗？我们的促销员能够应对数倍增加的工作量吗……一切都是早准备早受益，早行动早产量，早布局赢先机！持续关注调整如图3所示。

持续关注，及时调整！

为疫情后期的井喷式消费做准备

季度、半年度和全年规划调整

及时双向沟通，寻求总部支持

图3　**持续关注调整**

这三件事情涉及公司机密，在此不做展开，但是笔者始终相信疫情一定会趋向好转，而且时间不会很长，我们能够通过努力弥补已经既成事实的业绩损失。

笔者更坚信绝对会催生很多机会！

这些机会就在我们身边：

那是一家以往客情很差的下游门店，因为你是复工后第一个帮他解决库存问题的厂家，从此客情全面改观，也能够得到门店老板最大的支持。

那是一个从未实现过增长的老大难县级市场，因为年后你帮当地批发商实现了与零售通的企拍合作，从此这个县城的业绩增长被完全释放。

那是一个从来都没有在这家 RKA 打赢过竞品的子品类，因为 3 月份我们在经销商的全力支持下做了几场大型内购会，份额实现了弯道超车……

二、复工后，一名城市经理的 8 个教训

老王是一名地方的城市经理，在快消日化行业摸爬滚打 20 多年，这次突然爆发的新冠肺炎疫情不仅让经销商和零售商措手不及，对于这位身经百战的资深城市经理而言，同样也是毫无防备的“黑天鹅”事件。

在家办公期间，老王邮箱里的销量报表依然每日更新，但是达成率却很多天没有变动过……

经销商的员工也陆续复工了，但是门店的补货订单却没有恢复的迹象……

每天直属老板的催命电话总是那么准时，面对客户整仓的库存和门店满满的货架，老王陷入了沉思……

前线城市经理不应该把这场疫情当成借口，不应该“宅”在家里“坐、等、靠”，而是要总结经验，直面教训！主动积极地组织疫情后生意重启，全力引导和推动经销商和零售商尽快补回丢失的销量。

总结一下，这场疫情给了一线城市经理八大教训，如图 4 所示。

图 4　一线城市经理八大教训

教训一：关于 O2O——平时不重视 O2O 生意，临时无法抱佛脚

城市经理工作中一般涉及 O2O 的渠道主要由**五大全国到家平台（京东到家、淘鲜达、多点、饿了么和美团）、本地到家平台（如朴朴、每日优鲜等）和社区团购（如兴盛优选、同城生活等）组成。**

由于 O2O 新兴业态需要花时间和精力从无到有逐步培养，在没有额外人头配置的情况下，以往很多城市经理在日常高指标和强执行的压力下，都不愿意把团队精力分散到 O2O 渠道，而这些平台往往在开拓初期销量不大。

O2O 的生意也仅仅停留在计划和培训层面，真正落实的很少。疫情期间，没有对接到家平台的零售商只能干瞪眼，相关的销售团队同样只有羡慕的份儿。

复工后，O2O 渠道必须重仓！

日本 7-11 连锁创始人总结说："人这种生物，只要享受过一次便利，就会有更进一步的期待。"经过此次疫情，到家渠道的购物者心智已然稳步建立，未来该渠道占比必将越来越大。

术业有专攻！**城市经理可以增配或转移人员专职负责开发此渠道，最好是主导和帮助当地小型零售商对接，可以先于竞争对手取得建立平台话语权。**

教训二：关于 B2B——总是观望 B2B，畏首畏尾捎着做

疫情之下，尽管阿里零售通和京东新通路下游的小店复工率对比 2019 年同期有小幅下降，但是两个平台整体的 GMV 基本持平，这是当下经销商无法比拟的二级销售成绩。

相比 O2O，尽管 B2B 渠道的生意更能够在较短时间内实现销量突破，但各地城市经理对 ERTM 的态度千差万别，归根结底受三大问题左右：**销量归属、分销网络契合、市场价盘影响**。

B2B、ERTM 两大平台的 GMV 必须纳入当地销售团队的业绩考核。

而对于既有经销商生意影响的话题，笔者认为日化快消品企业充分推动 ERTM 不会对现有核心经销商的生意造成很大影响，因为日化公司对于小店的深度分销工作本来就做得不好，ERTM 恰恰通过“统仓统配”弥补了厂家的这一分销短板。

至于市场价盘的影响，其实 ERTM 更多是蚕食和抢夺原有批发客户的生意，通过平台将以往的间接销售转向更加良性、更加可控的直接覆盖，当然是利远大于弊，偶尔价格的浮动是可以策略性容错的。

教训三：关于 B2C——从不关心 B2C，电商开店无规划

拼多多和淘宝是经销商开设网店的两大主要平台。相对而言，拼多多的准入门槛更低、开户流程更简易，所以疫情期间，很多日化经销商通过网店的销售抢回了不少生意。

越来越多的经销商意识到“线下生意逐步线上化”是必然趋势，很多客户已经开始询问网点开户的流程和资质，城市经理需要做好总部的对接和推动工作，帮经销商开具授权书、走流程、精选产品组合等。

教训四：关于 CVS——只看短期大店生意，忽视便利渠道发展

便利店以往也是日化厂家业务团队容易忽视的渠道，因为日化整体品类占每家 CVS 门店的比率不到 5%，在这个不大的蛋糕里还要费力去争一杯羹，费力不出量的活儿，很多销售人员不愿意干。

不要小看便利店渠道，疫情期间很多便利店连锁的开店率超过 70%，加上便利店人流本来就比较均匀，疫情传染风险远远低于大卖场和大超市，所以整体业绩平均降幅也仅仅是个位数。

这是一个聚沙成塔的渠道，只要沉下心来夯实基本面——**做更多的分销、做更好的露出、做更精准的促销机制，就一定能实现品类份额最大化。**

教训五：关于团购——总是坐等企业团购，缺乏主动聚焦开发

作为一名城市经理，有些事情要亲力亲为，而有些事情则需要合作伙伴全力以赴。

当地城市的经销商必须承担整个渠道的主要开拓和维护责任，经销商之所以能够和大厂家合作的前提是拥有很强的本地资源和社会关系，作为厂家和品牌在当地的代言人，**经销商老板和核心团队必须完成团购渠道的指标，不仅要设销量指标，还要设置新开客户指标。**

一旦团购客户开发到一定数量和规模，这个渠道的销量就会很稳定，不仅平时有量，非常时期也有量。

本次疫情激发了很多团购，特别是消杀品类的巨量团购。**随着疫情步入尾声，未来复工后的慰问型团购同样蕴藏巨大机会，而需求也将从消杀逐步扩大到日常洗化。**

教训六：关于特渠——特渠通路基建差，渠道组合待优化

特渠中的药店无疑是“明星”，即使政府为防疫考虑关闭所有的店铺，但药店是允许开业的，这是疫情时期民生的保障渠道。很多药店是可以代售日化产品的，这都是平时不起眼的小渠道，但是慢慢培养就是大机会，在非常时期都能派上用场。

除了药店，还有部队和学校等封闭渠道也值得开发，比如部队的订单非常稳定，疫情期间的订单也一如既往，这充分体现了这个渠道的抗风险能力。

复工后，城市经理要**对本地的所有特渠进行系统的筛查，确定开发目标、计划和日程，和经销商一起逐步打破特渠的坚冰。**

教训七：关于下沉——量小路远成本高，低线市场开发慢

有数据显示，这轮疫情中大卖场、大超市的生意普遍低迷，然而进一步分析得出外围城市的大卖场生意好于中心城市，乡镇的大店人流也明显高于县城。

究其原因：**一是外围城市本来的外来流动人口有限**，春节对这些城市而言是人口净流入；**二是低线乡镇没有到家平台**，镇上的大店人流没有明显减少；**三是外围的大店的生意基数本来就不大，加上没有明显减少的人流，生意持平或者微涨都在情理之中。**

以往嫌远、嫌少、嫌费油的市场如今都成了疫情时期的“香饽饽”市场，与其临渊羡鱼不如退而结网，平时一线的城市经理就要制订系统的下沉市场开发计划，通过更有效率的当地二批客户或者 ERTM 进行高效覆盖，最起码完成对前三名门店的有效覆盖。

教训八：关于风险——经销商抗风险意识弱，亟须引导和完善

经过这次疫情，每一位城市经理管辖的市场是否能够抵御风险变成显性问题。要及时吸取教训，引导经销商逐步将生意模式做轻，非核心的部分要开始相信和采用专业的外包资源，比如仓配和物流的外包在此次疫情中就挽回很多经济损失。

当然，外包一定要找专业靠谱的公司，最好是有国企或者上市公司背景的合作商。

除了供应链安全，**城市经理还要引导经销商做好产品组合的优化（从以往注重常规日化到包含消杀的全品类过渡）和渠道组合（从单一依靠零售终端向特渠、团购、网店、到家和社区团购等多渠道过渡）的优化**，这样才能主动抵御未知的风险。

老王终于想明白了，拥抱全域营销和新零售不应只停留在培训课堂上，要切实落地到每日的执行工作。

想到这里，此时的老王非常期待直属老板的电话，他准备和老板好好聊聊接下来的资源，开始大干一场……

老板·创业			
一、经理人			
书名	**内容**	**书名**	**内容**
老总有想法，高层有干法 王清华　著	企业将、帅之间的定位问题、角色问题、方法问题、思维问题、管理问题等	**历史深处的管理智慧1：组织建设与用人之道** 刘文瑞　著	通过历史鉴照当今企业选人用人、二代接班人、创业团队管理等问题
历史深处的管理智慧2：战略决策与经营运作 刘文瑞　著	通过历史鉴照当今企业决策、战略规划、战略冒进、决策监督等问题	**历史深处的管理智慧3：领导修炼与文化素养** 刘文瑞　著	通过历史鉴照当今企业的领导修养、用权、管理风格等问题
老板经理人双赢之道 陈明　著	经理人怎么选平台、怎么开局，老板怎样选/育/用/留		
二、用人			
用好骨干员工 王敏　著	系统化分享关键人才打造与激励方法	**领导这样点燃你的下属** 孟广桥　著	领导者如何才能让员工积极主动地工作
让用人回归简单 宋新宇　著	帮助管理者抓住用人的要害，让用人变得简单	**激活新生代员工** 史量　孙斌　著	走进新生代的世界，一套行之有效的管理、激活90后、95后、00后的方法
三、转型·创业			
创业要过哪些坎 董坤　著	15年创业咨询经验总结的创业遇到的问题及办法	**高潜牛人** 董坤　著	创业和事业发展中如何找到牛人
成为下一个SaaS独角兽 崔牛会　主编	19位SaaS领专家，7个不同的视角总结SaaS行业实践	**创模式：23个行业创新案例** 段传敏　著	CEO社群23位企业家的思考与实践分享
重生——中国企业的战略转型 施炜　著	本书对中国企业战略转型的方向、路径及策略性举措提出了建议和意见	**7个转变，让公司3年胜出** 李蓓　著	企业估值、业务模式、营销、生产制造、客户服务、用户黏性、组织管理7个转变
企业二次创业成功路线图 夏惊鸣　著	五步骤给出了一幅企业二次创业经营突破、管理提升的成功路线图	**跟老板“偷师”学创业** 吴江萍　余晓雷　著	如何通过“偷师”学习与积累当老板的阅历
公司由小到大要过哪些坎 卢强　著	企业成长路线图，现在我在哪儿、未来还要走哪些路都清楚了	**跳出同质思维，从跟随到领先** 郭剑　著	66个精彩案例剖析，帮助老板突破行业长期思维惯性
极速增长：企业扩张策略 董坤　著	以“8shoes扩张法则”为思考框架，帮助处于这个阶段的创业公司及以创业公司形式孵化的变革型项目做出清晰的战略选择		
企业经营			
经营打造你的盈利系统 高可为　著	选择最有效的经营策略，打造属于自己的商业模式	**中国企业的觉醒** 王涛　著	企业告别自私、野蛮，转向善良、爱，才会赢得消费者
成为敏感而体贴的公司 王涛　著	未来有竞争力的企业，一定是那些敏感而体贴的公司	**有意识的思考** 王涛　著	对头脑中固有观念保持觉察，从而超越它们的局限
简单思考 孔祥云　著	著名咨询公司（AMT）CEO创业历程中的经验与思考	**写给企业家的公司与家庭财务规划** 周荣辉　著	以企业的发展周期为主线，介绍各阶段企业与企业主家庭的财务规划

续表

书名	内容	书名	内容
从10亿到100亿的企业顶层设计 刘建兆　著	重新定义企业成长方式，有效益、有效率、有效能、有效果、有品质的良性成长	**活系统：跟任正非学当老板** 孙行健　尹贤　著	造活系统，使系统活，靠系统活，活的系统
宗：一位制造业企业家的思考 刘建兆　著	发展20年营业额近亿元制造业企业家的思考与心得	**使命：驱动企业成长** 高可为　著	用大企业发展轨迹及企业家的心路历程，揭示企业成长的基因、做事的逻辑
让经营回归简单 宋新宇　著	战略、客户、产品、员工、成长、经营者的经营法则	**边干边学做老板** 黄中强　著	86个案例讲述中小公司成长过程中遇到的问题和方法
盈利原本就这么简单 高可为　著	跨越业务与财务边界，为企业提高盈利水平提供方法	**战略参谋：写出管用的战略报告** 蔡春华　著	企业对自己、市场、行业其实了解更深，助你高质量完成战略规划
不战全胜：给企业家读的孙子兵法 王吉坤　杨伟霞　著	从《孙子兵法》提炼和总结了帮助企业打造行业龙头品牌的体系	**公司离不开的全栈运营高手：产品运营与推广获客** 王虎　著	涉及运营案例、思维理论、实操复盘、管理方式、推广策略等，是作者八年运营推广经验的浓缩
公域引流　私域经营：这样经营用户关系 王庆云　汪洋　著	为大中型企业提供私域建设的顶层和全景式框架，探索不同业务特性可能适配的不同私域模式	**平台生态：价值创造与价值获取** 彭亳　罗珉　著	厂商之间的竞争已经从产品转到平台，如何创造新的价值创造和获取模式，是企业最想得到的答案
合伙制经营：有效激励，而不丧失控制权 胡八一　著	重点阐述实施合伙制的流程，通过四步为企业家提供一种有效激励而不丧失控制权的工具和方法	**机制创造人才** 彭剑锋　尚艳玲　著	华夏基石专家团著作，为个体赋能，经营人成就人，进行机制创新和价值管理
企业融资：投资人没告诉你的那些事 杨军　著	资深投资人揭示融资“潜规则”，让企业有的放矢		
管理·管理学			
一、企业管理			
让管理回归简单 宋新宇　著	从目标、组织、决策、授权、人才、老板自己等提供方案	**管理的尺度** 刘文瑞　著	西医式的体检化验，又要施加中医式的望闻问切
管理：以规则驾驭人性 王春强　著	人性驾驭角度权度运筹安排的可兑现性，管理有效性	**看电影，学管理** 刘文瑞　著	十六部电影的解读，揭示电影内含的管理之道
好管理　靠修行 曾伟　著	从佛法、道法思想中寻找管理智慧	**公司大了，怎么管** 金国华　著	成长型企业发展中的共性问题，通过案例实录解开
低效会议怎么改 王玉荣　葛新红　著	从梳理公司会议体系的层面改变低效会议的现状	**年初订计划年尾有结果** 郭晓　著	总结七步落地方案让战略计划切实落地实现
分股合心 段磊　周剑　著	围绕股权激励，详细介绍相关知识和实行方法	**员工心理学超级漫画版** 邢雷　著	以漫画形式对组织中个体心理的全面介绍和深入探讨
让投诉客户满意离开 孟广桥　著	投诉法律法规，应对各种投诉技巧等提升客诉能力	**管理就是定计划，抓落实** 张国祥　著	员工“看了就会、拿来就用”的计划制订操作指南
不读韩非子，怎么当老板 王春强　著	通过集中分析有关人性的内容，引导现代管理者更深理解人性是如何影响企业运行，以及管理者应如何因人性而实施管理	**重新想象组织** 彭剑锋　尚艳玲　著	华夏基石专家团著作，通过组织变革逐步进化，找到成长之道，让企业可持续发展

续表

书名	内容	书名	内容
战略管理有方法 和恒咨询　著	结合中国企业实践总结的一套独创性、实操性的战略方法，100+工具轻松做战略	**高管如何为公司创造高增长** 彭剑锋　尚艳玲　主编	战略驱动着企业成长，企业又该如何突破增长的瓶颈
二、管理思想			
管理学的奠基者 刘文瑞　著	近代以来的管理思想发展揭示管理思想的演化奥秘	**巴纳德组织理论研读** 郭威　著	深度研读巴纳德《经理人员的职能》，帮你理解和看懂
管理学在中国 刘文瑞　著	科学看待管理学流入中国，对继承发展进行深入的阐述	**德鲁克管理学** 张远凤　著	以德鲁克管理思想发展为线展示 20 世纪管理学的发展
德鲁克与他的论敌们 罗珉　著	德鲁克与马斯洛、戴明等诸多管理大师论战的故事	**德鲁克管理思想解读** 罗珉　著	全面解构德鲁克思想的精髓与实践价值
治论：中国古代管理思想 张再林　著	深入分析中国古代哲学基本精神的基础上，梳理分析了儒法墨三家的管理思想	**流程经理 10 年案例笔记** 王焕东　著	用自身工作和生活中的鲜活案例及思考后的心得呈现不一样的流程管理思想
透过决策看组织 李慧才　著	对西蒙管理行为进行贴近企业的通俗化解析和阐释	**为什么高管爱读德鲁克** 王鹏　著	辅助深读德鲁克、提升管理认知
		营销·销售	
一、企业销售			
大客户销售这样说这样做 陆和平　著	大客户销售活动的十大模块，68 个典型销售场景	**向高层销售** 贺兵一　著	销售人员与客户高层打交道需要重点掌握的知识、技巧
资深大客户经理 叶敦明　著	将大客户经理必须具备的规划、策略、执行三种能力运用自如	**成为资深的销售经理** 陆和平　著	让销售经理成功把握销售管理的 6 个关键点，并提供工具
销售是个专业活 陆和平　著	据客户采购流程拆分销售过程十阶段，讲解方法技巧	**学话术　卖产品** 张小虎　著	手机、电动车、家电、食品等消费品的一线销售话术
工程项目大客户销售攻略 陆和平　著	三十八讲循序渐进，全方位透视工程大项目拿单的奥秘，通俗易懂，看了就能用	**大客户销售谈判：获得利润的最快途径** 陆和平　著	从不会谈判到成为谈判专家，帮助你在与大客户的谈判中轻松说服对方，实现从一次成交、成本价成交到高价成交、持续成交的转变
二、企业营销			
新营销组织力 迪智成　著	适应最新数字化外部环境，系统化协同组织能力建设	**营销按钮** 老苗　著	讲述存在于人性及各个营销环节中的“按钮”
精品营销战略 杜建君　著	“精品营销战略”核心逻辑与营销组合策略	**360°谈营销** 王清华　古怀亮　著	营销是立体的，从不同角度观察不同企业的营销精髓
互联网精准营销 蒋军　著	互联网时代整体策划、包装品牌和产品	**招招见销量的营销常识** 刘文新　著	做好基本的营销动作都可以提高销量、降低成本
用数字解放营销人 黄润霖　著	用数字说话覆盖营销工作的方方面面	**用营销计划锁定胜局** 黄润霖　著	让营销计划落地，营销人员只需解决两个问题：基数与概率

续表

书名	内容	书名	内容
我们的营销真案例 联纵智达研究院　著	五芳斋粽子、诺贝尔瓷砖、利豪家具、保健品、娃哈哈	**中国营销战实录** 联纵智达研究院　著	51个案例，46家企业，46万字，18年积淀
弱势品牌如何做营销 李政权　著	产品与物流通道、服务通道、促销互动通路，提供方法	**解决方案营销实战案例** 刘祖轲　著	十大工业品作者实操案例解码解决方案营销
升级你的营销组织 程绍珊　吴越舟　著	根据企业的实际情况建立有机性营销组织	**变局下的营销模式升级** 程绍珊　叶宁　著	十年大量案例归纳三种核心驱动要素、三种升级方向
老板如何管营销 史贤龙　著	十六个招式，理论与案例相结合，高段位营销方法	**孙子兵法营销战** 刘文新　著	理解《孙子兵法》原意的同时，还可体悟到营销之用
新营销2.0：从深度分销到立体连接 刘春雄　公方刚 牛恩坤　等著	立体连接打通三度空间，在互联网时代诞生快消品领域的超级巨头		
三、品牌			
中国品牌营销十三战法 朱玉童　著	深度演绎最符合企业品牌营销策划的十三套实战战法	**中小企业如何打造区域强势品牌** 吴之　著	从如何建立强势品牌的角度解析扩张难题
小众战略：小资源打造强势品牌 吴修利　著	从品牌观念、市场调研、竞争机会、内部调整等角度，对产品、渠道、传播等核心原则进行了系统梳理	**把品牌建在顾客心里：4步实现品牌IP化** 张学军　著	让品牌自带话题，自主传播
四、营销策划			
这样写文案，就没有卖不动的产品 秦剑　刘安丽　著	术、法、道三个层面由浅至深培养商业文案创作能力	**洞察人性的营销战术** 沈坤　著	介绍了28个匪夷所思的营销怪招，大部分可以直接运用
双剑破局：沈坤营销策划案例集 沈坤　著	双剑公司8年来的实操案例，每个项目诞生过程、策划角度和方法	**社区团购就这么干：供应商•平台•团长•用户** 陈海超　杨顶刚　著	分享最新实践经验，一看就懂，照着就能做
企业案例			
鲁花：一粒花生撬动的粮油帝国 余盛　著	鲁花如何成长为优秀的带动农业产业发展的品牌，鲁花你一定学得会	**金龙鱼背后的粮油帝国** 余盛　著	以金龙鱼为脉的一部中国粮油行业的史诗
你不知道的加多宝 曲宗恺　牛玮娜　著	以时间为轴线，详细叙述了加多宝品牌的发展历程	**静水流深** 黄治国　著	作者在美的十五年对何享健内部讲话资料的整理
娃哈哈区域标杆 罗宏文　快车君 赵晓萌　寇尚伟　著	讲娃哈哈豫北市场如何成为娃哈哈全国第一大市场、全国增量第一的市场	**借力咨询：德邦成长背后的秘密** 官同良　王祥伍　著	德邦将自己积累的与咨询公司发展共赢的合作逻辑和盘托出
六个核桃凭什么从0过100亿 张学军　著	全视角深度解读养元企业的裂变成长，复盘十年蜕变轨迹	**像六个核桃一样** 王超　著	六个核桃为什么卖得这么好，产品畅销的6大要义36条简明法则

续表

书名	内容	书名	内容
中国首家未来超市 IBMG 集团　著	对乐城超市的掌门人及内部员工的采访详细阐释了乐城的经验	**三四线城市超市如何快速成长：解密甘雨亭** IBMG 集团　著	甘雨亭的许多关键经营指标均高于行业标准，学习其成功的方法
集团化企业阿米巴实战案例 初勇钢　著	作者在某酒厂推行阿米巴经营模式的心得		
经销商			
新经销：新零售时代教你做大商 黄润霖　著	探访近 100 位经销商在传统营销手法上的创新，传统营销微创新和新营销本地化	**商用车经销商运营实战** 杜建君　王朝阳 章晓青　著	对商用车经销商的经营与管理、4S 店运营做了全方面的总结
跟行业老手学经销商开发与管理 黄润霖　著	从管理耐用消费品经销商角度提炼了 48 个代表性问题并给出解决办法	**快消品经销商如何快速做大** 黄润霖　著	经销商如何通过经营实现规模，通过管理实现规模效益
建材家居经销商实战 42 章经 王庆云　著	经营管理的心法和战法，帮助经销商成为“业务妙手”和“管理能手”	**成为最赚钱的家具建材经销商** 李治江　著	针对建材家居行业的经销商，从销售模式、产品、门店、市场等方面给出方法
白酒经销商的第一本书 唐江华　著	对经销商如何选择厂家、合作、运营品牌等问题给出建议	**快消品招商的第一本书** 刘雷　著	从招商理论到招商动作进行系列化分解，化繁为简
大商方法：榜样经销商与厂家的合作之道 唐道明　著	洞察厂商合作的核心，为经销商提供可行的方法，手把手教你做大商	**快消品经销商成功密码** 舟谱商学院　著	通过 8 个真实经销商案例，分享快消品经销商成功经验与方法
中小企业			
中小企业如何打造区域强势品牌 吴之　著	从如何建立强势品牌的角度解析扩张难题	**用流程解放管理者** 张国祥　著	8 个板块构成，共 66 篇文章，14 幅流程管理图
用流程解放管理者 2 张国祥　著	对中小企业规范化流程管理进行系统的阐述	**弱势品牌如何做营销** 李政权　著	产品与物流通道、服务通道、促销互动通路提供方法
本土化人力资源管理 8 大思维 周剑　著	用最贴近中国中小企业现实管理情境的案例讲述周围人的“家事”	**中小农业企业品牌战法** 韩旭　著	农业企业需要全产业链视野，更需要品牌实战方法
门店管理			
门店销售冠军复制系统 王吉坤　著	门店型企业如何打造可复制的销售冠军系统	**新零售动作分解与实操：建材·家居·家具** 盛斌子　著	对泛家居行业趋势、店面管理、团队管理、促销推广、五感营销等提供策略
家具建材促销与引流 薛亮　李永锋　著	对泛家居营销执行模式和工具、关键环节等进行汇总	**建材家居门店 6 力爆破** 贾同领　著	产品力、导购力、形象力、推广力、服务力、组织力
家具行业操盘手 王献永　著	总结家具终端门店发展的现状及问题并给出策略	**手把手教你做专业督导** 熊亚柱　著	系统梳理督导的核心技能，岗位职责、工作流程及技能

续表

书名	内容	书名	内容
手把手帮建材家居导购业绩倍增 熊亚柱　著	针对建材家居门店的业务人员，用案例故事还原场景教你成为好导购	**10 步成为最棒的建材家居门店店长** 徐伟泽　著	梳理店长管理的核心工作职责、店面管理规范，帮助销售人员成长
建材家居门店销量提升 贾同领　著	9 个板块讲述建材门店一个单店如何做到经营的良性循环	**总部有多强大，门店就能走多远** IBMG 集团　著	五大方向综合阐述连锁零售企业总部如何提升管理能力
赚不赚钱靠店长，从懂管理到会经营 孙彩军　著	注重专卖店的经营思路拓展、门店管理细节方面能力的提升	**新医改了，药店就要这样开** 尚锋　著	从药店定位的思考，内部和会员管理等方面探讨中小型药店发展方向
电商来了，实体药店如何突围 尚锋　著	新时代药店经营的三驾马车：药学专业服务、会员贴心服务和精准定向促销	**引爆药店成交率 1：店员导购实战** 范月明　著	药店人的零售工作，怎样接待顾客，完善销售技巧
引爆药店成交率 2：药店经营实战 范月明　著	从药店经营角度建立改善门店现状的实用标准	**引爆药店成交率：专业化销售解决方案** 范月明　著	从简单的拿药服务到提供多角度的专业解决方案
口腔门诊盈利倍增：精益口腔 杨伟霞　王吉坤　著	为口腔门诊定制业绩提升管理系统并落地实施		
互联网			
一、互联网转型			
画出公司的互联网进化路线图 李蓓　著	18 个“可以……吗”的问题作为产品、客户和价值方面的指引牌	**7 个转变，让公司 3 年胜出** 李蓓　著	企业估值、业务模式、营销、生产制造、客户服务、用户黏性、组织管理 7 个转变
重生战略移动互联网和大数据时代的转型法则 沈拓　著	四个重生战略对应四个法则，告知传统企业的转型重生之路	**创造增量市场：传统企业互联网转型之道** 刘红明　著	为读者提供了寻找这些互联网的切入点和接触点的具体方法，带来增量市场
互联网＋变与不变 本土管理实践与创新论坛　著	61 篇精华文章，聚焦传统行业如何互联网＋时代转型	**今后这样做品牌** 蒋军　著	顶层设计、营销创新、产品战略、渠道变革、品牌策略
移动互联新玩法 史贤龙　著	立足现实，剖析新时代背景下的移动互联趋势与热点	**互联网时代的成本观** 程翔　著	多维组合成本的互联网精神和大数据特征及应用
正在发生的转型升级实践 本土管理实践与创新论坛　著	100 多位本土管理专家当年对最新一年的思考和实践	**1000 铁杆女粉丝** 张兵武　著	如何让普通女性成为忠实追随的铁杆粉丝，磁力点、情感结、甜蜜区、信任圈
混沌与秩序Ⅰ：变革时代企业领先之道 彭剑锋　施炜　苗兆光 王祥伍　孙波　夏惊鸣	新环境下企业面临变革应如何应对，企业家如何坚守并与企业共同成长	**混沌与秩序Ⅱ：变革时代管理新思维** 彭剑锋　施炜　苗兆光 王祥伍　孙波　夏惊鸣	对处于时代变革下的企业管理新机制、人力资源管理新思维，组织与人的新型关系，结合案例提出优化建议
消费升级：实践·研究 本土管理实践与创新论坛　著	从经营、管理、行业三个方面记录消费升级下的实践	**互联网精准营销** 蒋军　著	互联网时代整体策划、包装品牌和产品
智能推荐：让你的业务千人千面 刘国昊　周波　著	从资讯、电商、文娱行业来详细讲解智能推荐的应用，用户时间的争夺战	**制造业外贸营销网站建设** 宋金亮　著	介绍整个网站从无到有的实现过程，从分析思路、撰写内容到规划页面，列举了大量正反面实例，帮助读者理解和投入实践

续表

二、抖音、微信微商、电商			
书名	内容	书名	内容
抖音营销系统 刘大贺　著	抖音系统的实战营销知识，上百个从0做大的案例	**金牌微商团队长** 罗晓慧　著	微商团队长创业实操的指导工具书
微商生意经：真实再现33个成功案例操作全程 伏泓霖　罗晓慧　著	精心挑选的33个微商成功案例，阐述具体操作过程	**快速见效的企业微信营销方法** 孙巍　著	站在微信生态的立体高度系统讲述企业微信快营销方法论
阿里巴巴实战运营：14招玩转诚信通 聂志新　著	产品定位、阿里巴巴排名因素、数据分析、标题优化等	**阿里巴巴实战运营2：诚信通热卖技巧** 聂志新　著	打开诚信通运营的金钥匙，十大具体运营技巧
三、行业新营销			
餐饮新营销 杨勇　程绍珊　著	聚焦餐饮企业转型，系统的餐饮企业营销管理体系	**新零售进化路径** 李政权　著	预先复盘新零售及商业的未来，找到方向
珠宝黄金新营销 崔德乾　著	珠宝业新营销/新品牌/新产品/新零售/新连接/新场景/新服务/新传播/新管理	**新经销：新零售时代教你做大商** 黄润霖　著	探访近100位经销商在传统营销手法上的创新，传统营销微创新和新营销本地化
新零售动作分解与实操：建材·家居·家具 盛斌子　著	对泛家居行业趋势、店面管理、团队管理、促销推广、五感营销等提供策略	**新营销** 刘春雄　著	让品牌商和渠道商掌握获得独立流量的能力，能够与平台商博弈
快速见效的企业网络营销方法 B2B　大宗 B2C 张进　著	数据和案例90%来自作者服务的中小企业，快速全面地学习企业网络营销方法	**移动互联下的超市升级** 联商网专栏　著	超市未来的发展趋势，对社区超市、生鲜、全渠道建设、O2O等提出观点
百货零售全渠道营销策略 陈继展　著	零售行业的竞争重点、行业本质、战略转型、未来趋势、经验和案例	**互联网时代的银行转型** 韩友诚　著	银行业在互联网金融变革浪潮中所做的积极应对和转型布局
触发需求：互联网新营销样本·水产 何足奇　著	通过鲜誉案例解读阐述水产行业如何进行互联网转型	**新农资如何弯道超车** 刘祖轲　著	从农业产业化、互联网转型、行业营销与经营突破四个方面阐述农资企业转型
新零售　新终端 迪智成　著	将新零售系统打法做梳理并落地在新终端建设上		
医药医疗			
一、药店			
新医改了，药店就要这样开 尚锋　著	从药店定位的思考、内部和会员管理等方面探讨中小型药店发展方向	**电商来了，实体药店如何突围** 尚锋　著	新时代药店经营的三驾马车：药学专业服务、会员贴心服务和精准定向促销
引爆药店成交率1：店员导购实战 范月明　著	药店人的零售工作，怎样接待顾客，完善销售技巧	**引爆药店成交率2：药店经营实战** 范月明　著	从药店经营角度建立改善门店现状的实用标准
引爆药店成交率：专业化销售解决方案 范月明　著	从简单的拿药服务到提供多角度的专业解决方案	**连锁药店新风口：资本　智能　大数据** 动脉网　著	对我国连锁药店的市场环境、行业现状等进行分析，给出对连锁药店未来发展趋势的预判
药店导购关联销售技巧与成交话术 范月明　著	以药店情景案例导入，介绍常见疾病的导购销售话术与顾客心理分析，进而提供关联销售解决方案		

续表

书名	内容	书名	内容
二、药品销售			
书名	内容	书名	内容
医药第三终端：从控销到动销　诊所　基层医疗 王祥君　张芳文　著	用大量案例来梳理药企落地动销的策略、方法和技战术	**医药营销：诊所开发维护与动销** 张江民　著	从六个方面系统阐述基层诊所市场营销攻略
处方药合规推广实战宝典 赵佳震　著	对处方药推广体系搭建、推广人员岗位内容等六个方面进行阐述	**医药代理商经营全指导** 戴文杰　著	从产品选择、价格体系设计、路径管理等维度描述代理商产品操作的基本策略
处方药零售这样做 田军　著	处方药零售的重要性及做市场的具体措施和方法	**OTC 医药代表药店开发与维护** 鄢圣安　著	一位从初级 OTC 医药销售代表成长起来的销售经理的经验分享
OTC 医药代表药店销售 36 计 鄢圣安　著	以《三十六计》为线，阐述 OTC 医药代表向药店销售的技巧与策略	**做医生信赖的医药代表** 邹晓徽　宁剑锋 朱文虎　著	医药代表如何在合规要求下做好药品推广工作的操作工具书
三、药企转型			
药企战略·运营与医药产业重构 杜臣　著	医药产业的深度认知与发展趋势结合，战略思考与经营操作相统一	**医药行业大洗牌与药企创新** 林延君　沈斌　著	围绕创新介绍医药行业，介绍近百家医药企业创新实践案例
医药新营销 史立臣　著	从药企最关心的八个方面阐述制药企业、医药商业企业营销模式转型	**医药企业转型升级战略** 史立臣　著	从商业模式转型、管理转型、定位转型、运营模式转型和跨界转型五方面阐述转型
新医改下的医药营销与团队管理 史立臣　著	立足新医改相关政策的解读，为中小医药企业出谋划策	**在中国，医药营销这样做** 段继东　著	时代方略在医药营销领域思想、方法文章的精选合集
四、新医疗			
成为医疗器械领军者 王强　著	中小医疗器械生产企业和代理商怎样转型	**新型诊所经营与创新** 动脉网　著	对新型诊所从标准化管理、经营方式、团队建设、连锁模式四个方面进行解读
医美新风口：颜值经济下的亿万市场 动脉网　著	详细介绍中国医疗美容行业的发展趋势、现状及医美产业链等	**互联网医院：正在发生的医疗新变革** 动脉网　著	介绍互联网医院的建设与运营、管理，发展模式和市场布局，以及发展规律
快消品			
一、快消案例			
中国快消品营销这些年 史贤龙　著	一本书浓缩快消品营销 15 年的实战历程与前沿思考	**这样打造大单品** 迪智成　著	通过 13 个大案例帮助企业梳理打造大单品的路径
你不知道的加多宝 曲宗恺　牛玮娜　著	以时间为轴线，详细叙述了加多宝品牌的发展历程	**娃哈哈区域标杆** 罗宏文　快车君　赵晓萌 寇尚伟　著	娃哈哈豫北市场如何成为娃哈哈全国第一大市场、全国增量第一的市场
六个核桃凭什么从 0 过 100 亿 张学军　著	全视角深度解读养元企业的裂变成长，复盘十年蜕变轨迹	**像六个核桃一样** 王超　著	六个核桃为什么卖得这么好，产品畅销的 6 大要义 36 条简明法则

续表

书名	内容	书名	内容
5小时读懂快消品营销 陈海超　著	20年快消品市场风云洞察解码，丰富的案例解析		
二、快消品区域经理			
快消品营销团队管理 刘雷　伯建新　著	快消品团队管理相关的20余个工具+20余个案例	**这样打造快消品区域标杆** 罗宏文　牛玉龙　著	分两篇解决如何成功打造标杆市场和进行持续增量管理两大问题
成为优秀的快消品区域经理（升级版） 伯建新　著	作为区域经理的“速成催化器”，升级版增加11篇内容	**快消老手都在这样做：区域经理操盘锦囊** 方刚　著	一线成长起来的资深快消品营销人“压箱底”绝活
快消品营销人的第一本书 刘雷　伯建新　著	针对一线厂家业务员工作中常遇到的问题给予建议	**销售轨迹：一位快消品营销总监的拼搏之路** 秦国伟　著	一个普通营销人的故事，16年背井离乡的职场拼搏之路
快消品营销：一位销售经理的工作心得2 蒋军　著	从市场操作、团队管理、传播推广、营销的具体策略和战略等方面提供方法	**快消品区域/城市经理全渠道管理** 许翔　著	一位在日化巨头一线打拼多年的城市经理操作经验分享
三、快消品动销			
动销：产品是如何畅销起来的 余晓雷　著	从怎么被消费者买走和竞争对手是谁这两个原点解决动销问题	**动销操盘：节奏掌控与社群时代新战法** 朱志明　著	用七个章节阐述关于动销操盘的要诀，节点、节奏、主次、条件匹配性等问题
动销四维：全程辅导与新品上市 高继中　著	从产品、渠道、促销和新品上市四个方面详细讲解提高动销的具体方法	**快消品经销商这样做才赚钱** 张宇　著	从全新的角度，解读经销商的经营困境，并提供可实操的解决方法
四、快消品渠道			
深度分销 施炜　著	渠道价值链、模式选择、渠道策略与管理、零售经销商管理、最佳实践、团队建设	**通路精耕操作全解** 周俊　陈小龙　著	对康师傅的制胜法宝通路精耕进行系统的介绍与说明，图表和完善入微的操作方法
酒水饮料快消品餐饮渠道营销手册 朱伟杰　著	对餐饮渠道深入挖掘，建立适合餐饮渠道发展的服务模式和组织保障措施	**快消品经销商如何快速做大** 杨永华　著	经销商如何通过经营实现规模，通过管理实现规模效益
快消品营销与渠道管理 谭长春　著	解决日常涉及的渠道管理、市场、产品等营销事务	**快消品招商的第一本书** 刘雷　著	从招商理论到招商动作进行系列化分解，化繁为简
采纳方法：化解渠道冲突 朱玉童　著	21个最新的渠道冲突案例立体地介绍渠道冲突的现象和方法	**快消品促销管理与方案：规划 技能 工具** 张荣举　著	涵盖促销规划、打法、具体落地执行的细节和终端人员技能及训练，结合线上线下运作，提供全套方法
五、快消品企业战略			
重构：升级你的竞争优势 杨永华　著	用7大思维，帮你的企业提升档位	**变局下的快消品实战策略** 杨永华　著	从5个角度针对快消品企业如何应对行业变局给出答案
新营销 刘春雄　著	让品牌商和渠道商掌握获得独立流量的能力，能够与平台商博弈	**采纳方法：破解本土营销8大难题** 朱玉童　著	破解困扰营销人的八大难题，给出解决方法
白酒营销培训宝典：复制高业绩 刘孝觥　著	总结白酒营销人员系统运作市场的要点，转化为易学可复制的动作和工具表单	**酒水饮料快消品餐饮渠道营销手册** 朱伟杰　著	对餐饮渠道深入挖掘，建立适合餐饮渠道发展的服务模式和组织保障措施

续表

白酒			
书名	内容	书名	内容
白酒营销的第一本书 唐江华　著	多角度阐释白酒一线市场操作的最新模式和方法	白酒经销商的第一本书 唐江华　著	对经销商如何选择厂家、合作、运营品牌等问题给出建议
白酒到底如何卖 赵海永　著	多角度阐释白酒一线市场操作的最新模式和方法	白酒到底如何卖2：从市场培育到动销 赵海永　著	系统化、标准化、模式化的促成动销的实战操作方式和方法
变局下的白酒企业重构 杨永华　著	白酒企业重构期的营销战略与实操策略6大方法	酒业转型大时代 微酒　著	酒水营销、新闻资讯及行业分析、预测的知识宝典
区域型白酒企业营销必胜法则 朱志明　著	以36条法则从战略、营销、推广、产品线、品牌、市场、战术等方面提供方法	10步成功运作白酒区域市场 朱志明　著	从市场攻守、产品攻略、新品上市、占领渠道、促销等十个层面阐述
白酒营销1：中小酒企操盘与崛起 徐伟　徐涛　著	深入分析品牌与行业、操作方法，提供营销实操宝典	白酒营销2：品类创新策略升级 黑格咨询　著	立足行业现状，建立品类创新、营销模式创新路径，提供市场建设方法、营销策略与工具案例
茶·调味品·油·乳业			
营销中国茶：2小时读懂茶叶营销 史贤龙　著	中国茶营销的“困局”“破局”和“创举”	中国茶叶营销第一书 柏龑　著	纵览中国茶叶市场的全局，并且有针对性地提出问题并阐述解决方法
调味品营销第一书 陈小龙　著	15年监控中国市场50个中外著名调味品品牌市场运作、管理等的经验总结	调味品企业八大必胜法则 张戟　著	提炼了调味品企业八大规律性的关键成功要素
食用油营销的第一本书 余盛　著	从小包装油行业概述到产品的基本知识，从基本执行动作到品牌整体策划等	鲁花：一粒花生撬动的粮油帝国 余盛　著	鲁花如何成长为优秀的带动农业产业发展的品牌
金龙鱼背后的粮油帝国 余盛　著	以金龙鱼为脉的一部中国粮油行业的史诗	乳业营销的第一本书 侯军伟　著	区域型乳品企业如何才能稳健发展
调味品经销商公司化运营 张戟　著	调味品和快消品经销商如何从“个体户”到“公司化”，一步步推进的具体方法		
工业品			
一、工业品销售			
大客户销售这样说这样做 陆和平　著	大客户销售活动的十大模块，68个典型销售场景	销售是个专业活 陆和平　著	据客户采购流程拆分销售过程十阶段、讲解方法技巧
成为资深的销售经理：B2B工业品 陆和平　著	让销售经理成功把握销售管理6个关键点，并提供工具	一切为了订单：订单驱动下的工业品营销实践 唐道明　著	以订单流程的三个环节为主线讲述工业品营销管理新思路
订单是这样拿到的 郑文洲　著	作者近10年销售生涯的回顾，真实销售故事和成功经验分享		
二、工业品营销			
工业品营销管理实务（第4版） 李洪道　著	是信任导向工业品营销体系的深化版、工业品营销管理体系优化咨询的升级版	工业品企业如何做品牌 张东利　著	为当下中国制造的品牌化转型提供经过实践证明的理念、方法和体系

续表

书名	内容	书名	内容
工业品市场部实战全指导 杜忠　著	解决职能不清、市场部五大职能如何运作、职业发展路径等具体问题	**解决方案营销实战案例** 刘祖轲　著	十大工业品作者实操案例解码解决方案营销
资深大客户经理：策略准　执行狠 叶敦明　著	将大客户经理必须具备的规划、策略、执行三种能力运用自如		
三、工业品企业			
变局下的工业品企业7大机遇 叶敦明　著	探索工业品企业成长的新机会，7大战略与战术性机会	**两化融合管理体系贯标流程与方法** 戴勇　著	融合五十多家企业在两化融合贯标过程的经验，总结重点与举措
丁兴良讲工业4.0 丁兴良　著	多角度阐述中国在工业4.0的机遇和挑战		
建材家居			
一、建材家居门店			
家居建材促销与引流 薛亮　李永锋　著	对泛家居营销执行模式和工具、关键环节等进行汇总	**新零售动作分解与实操：建材·家居·家具** 盛斌子　著	对泛家居行业趋势、店面管理、团队管理、促销推广、五感营销等提供策略
家具行业操盘手 王献永　著	总结家具终端门店发展的现状及问题并给出策略	**手把手教你做专业督导** 熊亚柱　著	系统梳理督导的核心技能、岗位职责、工作流程及技能
手把手帮建材家居导购业绩倍增 熊亚柱　著	针对建材家居门店的业务人员、案例故事还原场景，教你成为好导购	**10步成为最棒的建材家居门店店长** 徐伟泽　著	梳理店长管理的核心工作职责、店面管理规范和帮助销售人员成长
建材家居门店销量提升 贾同领　著	9个板块讲述建材一个单店如何做到经营的良性循环	**建材家居门店6力爆破** 贾同领　著	产品力、导购力、形象力、推广力、服务力、组织力
二、建材家居经销商			
新经销：新零售时代教你做大商 黄润霖　著	探访近100位经销商在传统营销手法上的创新，传统营销微创新和新营销本地化	**建材家居经销商42章经** 王庆云　著	经营管理的心法和战法，帮助经销商成为“业务妙手”和“管理能手”
成为最赚钱的家具建材经销商 李治江　著	针对建材家居行业的经销商，从销售模式、产品、门店、市场等方面给出方法		
三、建材家居企业			
定制家居黄金十年 韩锋　翁长华　著	对中国定制家居行业20年发展历程进行深度、系统、专业的解读	**建材家居营销：除了促销还能做什么** 孙嘉晖　著	探索家居建材行业营销的革命，发现行业“营销天花板”的突破口
建材家居营销实务：新环境、新战法 程绍珊　杨鸿贵　著	针对建材家居市场特点提出以客户价值为基础的整体营销价值链	**全屋整装　高利润运营手册** 翁长华　陈平　著	十大维度解决实际问题，是0到1极具操作性的整装指南
零售·餐饮·服装·影院·美容院			
新零售进化路径 李政权　著	预先复盘新零售及商业的未来，找到方向	**新零售　新终端** 迪智成　著	梳理新零售系统打法并落地在新终端建设上

续表

书名	内容	书名	内容
移动互联下的超市升级 联商网　著	超市未来的发展趋势，对社区超市、生鲜、全渠道建设、O2O 等提出观点	百货零售全渠道营销策略 陈继展　著	零售行业的竞争重点、行业本质、战略转型、未来趋势、经验和案例
超市卖场定价策略与品类管理 IBMG 集团　著	零售企业的市场拓展与商品定位、商品结构与商品陈列、毛利分析与库存分析	连锁零售企业招聘与培训破解之道 IBMG 集团　著	围绕零售企业组织架构、培训体系建设等内容进行探讨
总部有多强大，门店就能走多元 IBMG 集团　著	五大方向综合阐述连锁零售企业总部如何提升管理能力	三四线城市超市如何快速成长：解密甘雨亭 IBMG 集团　著	甘雨亭的许多关键经营指标均高于行业标准，学习其成功的方法
中国首家未来超市：解密安徽乐城 IBMG 集团　著	对乐城超市的掌门人及内部员工的采访详细阐释了乐城的经验	零售：把客流变成购买力 丁昀　著	通过大量的实际案例对中国零售业态的升级转型之路提出思考
餐饮新营销 杨勇　程绍珊　著	聚焦餐饮企业转型，系统的餐饮企业营销管理体系	电影院的下一个黄金十年 李保煜　著	介绍了中国电影产业的运作模式及电影院的开发、设计思路
餐饮企业经营策略第一书 吴坚　著	阐述餐饮企业产品之道、市场之道、顾客之道及盈利之道	赚不赚钱靠店长，从懂管理到会经营 孙彩军　著	注重专卖店的经营思路拓展，门店管理细节方面能力提升
时装买手自学通 范敏娜　编著	从流行趋势调研、商品企划、采购渠道、数据管理到店铺销售等时装买手需要具备的能力与操盘技巧	美容院/养生馆高盈利经营模式 陈鹏飞　著	5 步实现店铺高盈利方法与策略
农牧业			
一、农资			
饲料营销有方法 陈石平　著	饲料营销的 7 大核心命题	农资营销实战全指导 张博　著	在农资市场行之有效的营销策略和工具
新农资如何弯道超车 刘祖轲　著	农业产业化、互联网转型、行业营销与经营突破		
二、农牧企业			
中国牧场管理实战 黄剑黎　著	对牧场管理标准、管理制度、操作规程做出剖析和指引	中小农业企业品牌战法 韩旭　著	农业企业需要全产业链视野，更需要品牌实战方法
变局下的农牧企业 9 大成长策略 彭志雄　著	为农牧企业量身打造了 9 个立足现在、展望未来的成长策略	农产品营销实战第一书 胡浪球　著	针对 33 个农产品营销的核心问题提供具体招数
农产品全网营销 吴之　著	帮助全国农业合作社、家庭农场打造农产品品牌		
地产・汽车			
一、地产			
中国城市群房地产投资策略 吕俊博　刘宏　著	挖掘主要城市群的现状特征、发展因子、演化趋势、竞争关系等，给出分析建议	产业园区/产业地产：规划、招商、实战运营 阎立忠　著	从认知、规划、招商、运营四方面系统解读产业园区的建设精要和运营技巧
人文商业地产策划 戴欣明　著	“全球化视野（创意）” + “人文 +” 思维	产业园区/产业地产 2：系统化经营与操盘攻略 阎立忠　著	全方位系统解析产业园区运营策略
从零开始打造产业园区 刘晓君　著	全流程，系统化，注重细节，多角度教你打造产业园区		

续表

二、汽车			
书名	内容	书名	内容
商用车经销商运营实战 杜建君　著	对商用车经销商的经营与管理、4S店运营做了全方面的系统总结	汽车配件这样卖 俞士耀　著	适合轮胎、机油、维修、快保、美容、洗车等汽车服务业态销售实操办法
润滑油销售：这样说，这样做更有效 张金荣　著	总结润滑油销售面对三大客户常遇到的200余个营销问题解决方法	润滑油品牌营销 张金荣　著	没有说教，只有方法，适合小微企业、代工品牌、经销商、营销人阅读
投资理财·收购资本			
交易心理分析 马克·道格拉斯 【美】　著	一语道破赢家的思考方式，并提供了具体的训练方法	财报背后的投资机会 蒋豹　著	零基础轻松掌握财务报表的相关知识，快速入门
写给企业家的公司与家庭财务规划 周荣辉　著	以企业的发展周期为主线，介绍各阶段企业与企业主家庭的财务规划	分股合心 段磊　周剑　著	围绕股权激励，详细介绍相关知识和实行方法
成功并购300问 浩德并购军师联盟　著	系统学习资本运作和企业并购知识的金融工具书	并购名著阅读指南 叶兴平　著	从全球5000多本并购图书中精选200本并进行评价
避开股权合伙这些坑 苏雯静　著	根据创始合伙人、外部合伙人、内部合伙人等方面的实际案例做归纳和梳理	产业并购操盘手 张军杰　著	15个案例，11个范本，38个图表，拿来即用
科创板IPO上市全流程指导 丁先云　刘海旭　著	不仅有各项制度的深入剖析，更有各种问题和解决方案的详细论述，配合案例，轻松操作		
阿米巴			
阿米巴经营的中国模式 李志华　著	基于阿米巴经典理念提出了适合中国本土的员工自主经营的“1532”模型	集团化企业阿米巴实战案例 初勇钢　著	作者在某酒厂推行阿米巴经营模式的心得
中国式阿米巴落地实践之激活组织 胡八一　著	划分原则、裂变与整合、组织管控、重新定位、巴长竞聘和组阁	中国式阿米巴落地实践之从交付到交易 胡八一　著	从6个方面阐述经营会计，从交付到交易是成功实施阿米巴的标志
中国式阿米巴落地实践之持续盈利 胡八一　著	企业做成平台、平台做成阿米巴、阿米巴做成合伙制		
人力资源管理			
一、绩效·薪酬			
回归本源看绩效 孙波　著	从目的和概念帮助企业梳理绩效管理与经营的关系	走出薪酬管理误区 全怀周　著	从7个常见的薪酬误区入手为企业提供一套系统解决方法
曹子祥教你做绩效管理 曹子祥　著	作者核心授课课程的还原，掌握绩效管理的核心内容	曹子祥教你做激励性薪酬设计 曹子祥　著	作者28年咨询经验总结，如何进行科学的薪酬体系设计
把招聘做到极致 远鸣　著	资深招聘经理多年工作心得的提炼	把招聘做到极致2：灰度招聘全攻略 黄渊明　李佳倩　著	从实战需求出发，兼容并包各种优秀的招聘理论、方法、经验与工具，并进行创新性的应用

续表

二、招聘·面试·培训			
书名	内容	书名	内容
把面试做到极致 孟广桥 著	一套实用的确定岗位招聘标准，提升面试官技能方法	世界500强资深培训经理人教你做培训管理 陈锐 著	构建培训体系、培训组织、培训文化、开发培训资源，教你做培训管理
把猎头做到极致 李佳倩 黄渊明 著	帮助猎头顾问从平庸走向优秀	招聘面试：用提问得到真相 陈硕 著	十二年资深HR招聘面试经验分享，教你学会如何提问
人才评价中心漫画版 邢雷 著	用漫画形式写成的人才测评专业书籍		
三、HR高管·劳动法			
经营型HRD 黄渊明 著	总结企业HRD如何支撑企业经营，抓好七件关键事情	人才供应链：实现高绩效均衡的人才管理模式 许锋 著	打造人才供应链的四大支柱、十项修炼的完整体系
新任HR高管如何从0到1 新海 著	到互联网创业型企业担任HRVP，从0到1建立较完善的HR体系	人力资源体系与e-HR信息化建设 刘书生 陈莹 王美佳 著	6大框架、28个关注点、5大目标、6大优势、166个交付物咨询体系和盘托出
集团化人力资源管理实践 李小勇 著	针对集团型企业人力资源管理的问题提出科学建议	我的人力资源管理笔记 张伟 著	第三方咨询视角跳出“技术方法”看人力资源管理
人力资源的5分钟劳动法 李皓楠 著	入职管理、在职管理、离职管理中遇到的劳动法问题及应对	海外人力资源管理：帮企业成功“走出去” 黄渊明 著	弥补了中国企业海外人力资源管理实践体系建设的空白，具有开创性意义
从零开始学：胜任力模型建模与应用 林丽萍 著	手把手教你做胜任力建模，并通过大量的企业案例拆解介绍模型在各个方面的落地应用	上市公司总经理助理工作笔记 黄娜 著	40个案例，教你从小白助理到资深总助
用好任职资格体系 杨序国 著	以某企业为案例，系统地介绍了企业HR如何通过任职资格体系帮助员工成长	胜任力模型咨询笔记 韩文卿 著	吸取和总结了世界500强企业的胜任力模型搭建体系和方法
四、HRBP			
HRBP是这样炼成的之菜鸟起飞 黄渊明 著	作者在初步转型HRBP两年时间里摸索实践的亲身经历与总结	HRBP是这样炼成的之中级修炼 黄渊明 著	结合作者亲身从事HRBP的工作经历，总结HRBP的作战故事
HRBP高级修炼 黄渊明 著	故事方式，HRD角度深度呈现运用HRBP的思维、方法		
企业文化			
企业文化落地本土实践 王祥伍 著	华夏基石“知信行”模型描绘企业文化落地路线图	企业文化的逻辑 王祥伍 著	从文化起源深刻剖析文化、效率、企业、企业文化联系
企业文化定位·落地一本通 王明胤 著	企业文化理念传播和落地聚焦的17种方法，解读了近100个实战案例	36个拿来就用的企业文化建设工具 海融心胜 著	汇集整理了36个通用的企业文化实践工具
企业文化激活沟通 宋杼宸 安琪 著	系统阐述沟通与企业文化的关系，给予企业提升沟通效能的企业文化解决方案	企业文化建设超级漫画版 邢雷 著	用漫画形式写成的企业文化建设专业书籍，理论体系和29个具体的操作方法
在组织中绽放自我 朱仁建 著	个人与组织之间的关系，文化对组织化形成的影响	用企业文化提升经营绩效 彭剑锋 尚艳玲 主编	企业要想在竞争中利于不败之地，就不能没有能打胜仗的企业文化与领导力
流程管理			
营销·研发·供应链业务架构与流程管理 谭勋晖 著	营销、研发、供应链三大业务流程变革实践经验总结	打造集成供应链 王春强 著	第一用力在“集成”上，梳理内外部相关模块及其依赖关系
人人都要懂流程 金国华 余雅丽 著	50幅流程管理漫画，内部对流程价值理念的高度共识	用流程解放管理者 张国祥 著	8个板块构成，共66篇文章，14幅流程管理图
用流程解放管理者2 张国祥 著	对中小企业规范化流程管理进行系统的阐述	跟我们学建流程体系 陈立云 罗均丽 著	在《跟我们做流程管理》的基础上丰富了标杆实践案例

续表

质量管理			
书名	内容	书名	内容
16949 质量管理体系落地与全套文件汇编 谭洪华　著	对 IATF16949 每个条款讲解采用理解、作用、落地、模板、成功案例模块解析	**ISO9001：2015 制造业文件模板全集** 贺红喜　著	五篇内容组成的完整的质量管理体系工具文件
精益质量管理实战工具 贺小林　著	四个方面对精益质量管理进行了全方位介绍和解读，并提供大量的方法工具	**五大质量工具详解及运用案例** 谭洪华　著	APQP、FMEA、MSA、SPC、PPAP 五大质量工具的具体运用
IATF16949 质量管理体系详解与案例文件汇编 谭洪华　著	针对 IATF16949 的标准原文做详细解说，同时提供大量的表单案例	**SA8000：2014 社会责任体系认证实战** 吕林　著	将 SA8000 多版本及 10 多年的体系实战经验汇编成书
ISO9001：2015 新版质量管理体系解读与案例文件汇编 谭洪华　著	对 ISO9001：2015 新版标准理解和运用操作进行详细解读	**ISO14001：2015 新版环境管理体系解读与案例文件汇编** 谭洪华　著	ISO14001：2015 改版后的差别和操作运用进行详细讲解
我在世界 500 强做供应商质量管理 宋华　著	分享汽车行业成熟的供应商质量管理体系和方法，都是作者的亲身经历	**ISO45001 职业健康安全管理体系落地+全套案例文件** 谭洪华　著	每个条款清晰讲解，内容完全落地，轻松运用
五大质量工具之 FMEA（2019 第五版）详解及运用落地 谭洪华　著	对2019 年 6 月修订的第五版 FMEA 标准进行详解，提供落地操作方法和全部案例文件，可直接套用		
精益生产			
一、精益·JIT·IE			
精益思维：超越对手的力量 刘承元　著	以尊重人性的精益思想为切入点，分别从管理者的精益理念、精益思维、精益实践、精益中国制造等方面进行独到的分析	**比日本工厂更高效** 刘承元　著	管理提升无极限+超强经营力+精益改善里的成功实践
计划与物流精益改善之道 于晓光　著	围绕“计划与物流战略咨询的方法论”进行解析，提供方法论和案例	**300 张现场图看懂精益 5S** 乐涛　著	通过日本丰田、上市企业案例，用 300 张现场图系统讲解 5S 管理
3A 顾问精益实践 1：IE 与效率提升 党新民　苏迎斌 蓝旭日　著	系统、全面地介绍 IE 工厂管理技术，提高效率创造价值	**3A 顾问精益实践 2：JIT 与精益改善** 肖智军　党新民　著	系统、全面地介绍 JIT 生产方式，并加入实践案例
高员工流失率下的精益生产 余伟辉　著	从三方面论述推行精益管理时如何应对员工流失	**让员工爱上 6S 管理** 肖智军　著	提供了众多企业的原版资料、案例，还汇集了一些企业骨干的推行感想、感悟及反思
200 张图表学精益管理：IE 工厂效率提升方法 刘秀堂　著	IE 工程师视角，全是一线经验。精益落地的实操方法，大量图表工具让你上手就能做		
二、生产管理			
化工企业工艺安全管理实操 黄娜　著	围绕化工工艺安全 14 要素来展开分析	**手把手教你做专业生产经理** 黄娜　著	生产经理如何在信息流、物流、资金流三大流中开展工作

续表

书名	内容	书名	内容
欧博心法：好工厂 靠管理 曾伟 著	从管人篇和管事篇帮助读者解决人难管、事难控	欧博工厂案例1：生产计划管控对话录 曾伟 曾子豪 著	工厂管理生产计划管控模块的8个全景细节大案例
欧博工厂案例2：品质技术改善对话录 曾伟 曾子豪 著	工厂管理品质、技术、效率管理模块的10个全景细节大案例	欧博工厂案例3：员工执行力提升对话录 曾伟 曾子豪 著	工厂管理人员管控模块的5个全景细节大案例
工厂管理实战工具 曾伟 著	中国传统文化指导下的工厂管理工具	制造业成本倍减42法 王天江 著	42种经过实际验证有效的成本降低方法，用61个真实案例说明
制造企业上10亿其实并不难 杨小林 著	年产值1亿~10亿元中小制造企业在工厂经营和管理上的业务指导		
三、班组长			
全能型班组：城市能源互联网与电力班组升级 国网天津电力公司 著	从互联网时期的班组转型升级出发，对新型班组组织模式和运行机制进行设想	国网天津电力全能型班组建设实务 国网天津电力公司 著	聚焦天津电力公司在探索全能型班组转型升级时的优秀实践
咨询·培训师			
培训师事业长青之道 廖信琳 著	培训师自我管理的“洋葱模型”、十项内容与五个层级	管理咨询师的第一本书 熊亚柱 著	深度剖析初级入行咨询师在工作中遇到的问题
资深管理咨询顾问工作心得 张国祥 著	使用手册讲述咨询师如何操作项目、老板如何选择咨询师、企业如何自主落地	手把手教你做顶尖企业内训师 熊亚柱 著	从开、控、收、编、制、用的角度去履行培训师的职责
TTT培训师精进三部曲上 廖信林 著	手把手教你“深度改善现场培训效果”的一招一式	TTT培训师精进三部曲中 廖信林 著	建构一整套培训课程设计与开发的认知架构和方法体系
TTT培训师精进三部曲下 廖信林 著	通过“沉淀职业功力的六度模型”，帮助培训师在职业技能上持续精进		
产品·研发			
研发体系改进之道 靖爽 陈年根 马鸣明 著	取材数十家企业研发改进的咨询实践，提炼一套实操的改进步骤与工具	新产品开发管理，就用IPD（升级版） 郭富才 著	把产品经营的思想凝结在新产品开发管理机制中，升级版更丰富
产品开发管理：方法·流程·工具 任彭枞 著	结合超过300家企业的实际研发管理方法，总结问题和方法，大量表格	资深项目经理这样做新产品开发管理 秦海林 著	采用过程管理方法，对新产品开发的四大过程进行分析，主要针对小电器产品
产品炼金术Ⅰ：如何打造畅销产品 史贤龙 著	打造畅销产品的四个方法	产品炼金术Ⅱ：如何用产品驱动企业成长 史贤龙 著	从经营者视角重新认识产品，快速诊断产品现状
快消品产品开发方法：打造快消爆品 张荣举 著	提供整套实战性的思维、方法、技能和工具，直接带有表格及公式，一看就能上手		